心を見る心理学

池田行伸 著
富﨑ちひろ 挿絵

ナカニシヤ出版

まえがき

　大学で教養の心理学を教えはじめてもう30年近くになる。最初に教壇に立った時は受講者の多さに驚いた。30年後,受講生は減少してない。学生がいかに心理学に興味を抱いているかが分かる。もっとも,単位の取りやすい科目,難しい数式や記号が出てきそうにもない科目と思って受講する学生もいる。しかし,毎年,教室収容人数オーバーのため抽選漏れとなったが,大学に入ったら心理学を学ぼうと思っていたので,是非受講させて欲しいと嘆願してくる学生もいる。このような学生の期待には応えてあげなくてはならない。心理学を主専攻とする学生には,おもしろくなくても体系立てて教える必要がある。しかし主専攻としない学生には,そのニーズに応じて教える必要を感じる。そのために選んだテーマが人格と発達である。この本はこのような考えのもとに作られている。この二つのテーマと,現代の心理学には欠かせない脳の話,教育に応用される学習理論を盛り込んでいる。これらをしっかり学べば,心理学の骨組みは理解できると思う。興味がわけば,カウンセリングや社会心理の方面へも進めばいい。コンパクトにして学びやすくしたのがこの本の特徴である。

　もうひとつの特徴はイラストを多く用いたことである。視聴覚教材で教育を受け,色刷りの写真や図表が多用されている教科書で学んできた今どきの学生は,文字しか書かれてい

ない本には興味を示さないようである。若者向けのライトノベルにもイラストが多い。読者はイラストをたよりに文字を読み，イメージをふくらませているようである。この本でもこのような試みを行ってみた。幸いにも富﨑ちひろというイラストレーターに出会ったことで可能となった。著者のイメージをそのままイラストにしてくれた。

　最後に優秀なイラストレーターを紹介してくれ，原稿の整理も手伝ってくれた緒方佳代さんにお礼を述べたい。またこの本の出版に尽力していただいた宍倉由高氏をはじめナカニシヤ出版の方々にもお礼を述べたい。読者には，多くの人々の力でできあがったこの本を大いに活用していただきたいと願っている。

2008 年 3 月　池田行伸

目　　次

第1章　個　　性 — 1

I　個性をいくつかに分類する　3
II　個性の構造を考える　6
　1　フロイトの思想　6
　2　ユングの思想　9
III　標準から逸脱した個性　11
　1　思考の異常　11
　2　感情の異常　13
　3　行為の異常　14
　4　コミュニケーションの異常　15
IV　心の病の分類　17
　1　心因性と考えられる心の病—神経症（ノイローゼ）—　18
　2　内因性と考えられる心の病—精神病—　22
V　犯罪者の分類　28

第2章　人の成長 — 33

I　発達の原理　35
II　胎　児　期　42
III　乳　児　期　43
　1　反　　射　43
　2　協調運動・協応動作　43

　　　　　3　感覚運動的動作　44
　　　　　4　喃　語　44
　　　　　5　アタッチメント　45
　　Ⅳ　幼児期　47
　　　　　1　幼児アニミズム　47
　　　　　2　象徴・前概念的思考　47
　　　　　3　直観的思考　48
　　　　　4　言　語　49
　　　　　5　自立と分離不安　51
　　Ⅴ　児童期　53
　　　　　1　思考・認知能力の充実　53
　　　　　2　社会性の発達　54
　　Ⅵ　青年期　56
　　　　　1　思　考　56
　　　　　2　情緒の発達　56
　　　　　3　自我の確立　57
　　Ⅶ　成人期　60
　　Ⅷ　老年期　63

第3章　心の解明 ―― 65

　Ⅰ　大脳の構造と機能　67
　　　　1　機能が特定される部位　68
　　　　2　機能が特定されにくい領域　70
　Ⅱ　学習理論　73
　　　　1　初期学習　73
　　　　2　条件づけ　73
　　　　3　動機づけ　79
　　　　4　行動療法　80
　　　　5　洞察学習（見通しによる学習）　80

6　認知療法　82
Ⅲ　**学習転移**　83
Ⅳ　**記　　憶**　86
　　　1　記憶の種類　86
　　　2　記憶の構造　88
　　　3　記憶と意味　89

　　引用文献　93
　　索　　引　95

第1章 個 性

個性の元となるものを心理学では人格（パーソナリティ）と言う。

同じ状況に遭遇しても，ある人は楽観的に考え，ある人は悲観的に考える。人はこのようにそれぞれの思考やそれに基づく行動パターンに違いがある。これが一般的に個性と言われるものである。心理学もこのような個性を探究している。しかし，俗説ではなく科学的根拠に基づく個性の研究はそれほど多くはない。ここでは，心理学やその周辺領域で調べられている個性について分かりやすく説明する。一つは個性の分類である。血液型によって性格を分類する方法もあるが，これはまだ科学者には認知されていない。精神病患者とその体型から導き出されたものが心理学では一般的である。次に個性の源である心の奥の構造を考える説について述べる。フロイトの人格理論やユングの向性論である。あまりにも個性的になると心の病と考えられることもある。心の病の基礎についても言及する。さらに犯罪者の心理を知るため，犯罪をいくつかのパターンに分ける考え方も紹介する。

I　個性をいくつかに分類する

　一般的に個性と言われているものは，心理学では人格の違いと考えられている。人によって異なる思考や行動傾向の基礎が人格であるが，この人格をいくつかのパターン（類型）に分ける学問を類型論という。精神医学者であるクレッチマー［Kretschmer, E., 相場訳, 1960］は，精神病患者の体型を調べ，人格を三つの類型に分けた。

　①細長型：自分のことには敏感だが，他人のことには無頓着。芸術家，研究者など自分の世界に入り込むタイプ（分裂気質）。
　②肥満型：感情の起伏が激しい。気分がいい時は社交的で人なつっこく，愛想がいい。気分が沈むと落ち込み，人と会いたがらない（躁うつ気質）。
　③闘士型：真面目，几帳面だが，行き過ぎると融通が利かないといった固さが目立つ（てんかん気質）。

　どの型にも長所や短所がある。バランスが重要である。

図1-1 クレッチマーは体格と性格の関係を調べた。

	友人の肉親の死に際して	部屋の中
分裂気質	「人はいつかは死ぬものさ」とわりと冷淡。	一見散らかっている。他人が片づけると「誰かが触った」と言って怒る。
躁うつ気質	自分のことのように悲しみ，同情し，慰める。	散らかっていて，他人が片づけると素直に感謝する。
てんかん気質	「このたびは誠に御愁傷様でした」と言うが，型どおりで心がこもらない。	いつも整理整頓されている。本を貸してくれと言われると，本棚が乱れるのを嫌がり貸したがらない。

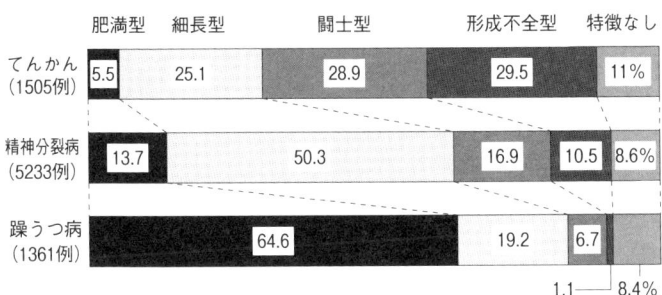

図 1-2 精神病と体型 [Kretschmer, 1960]

Ⅱ 個性の構造を考える

1 フロイトの思想

フロイト［Freud, S.］は，人の心の構造を説明するのに無意識の概念を用いた。この考えは精神分析学として体系化され，一般的によく知られている。

口では「尊敬」していると言いながら，夢の中ではその人のだらしない姿を見ることがあるが，それが無意識の現れだと言い，それがその人に対する本当の気持ちなのだと言う。

このような考えを元に，フロイトは人格理論を展開した。人格を三層構造と考えた。

①イドまたはエス：欲求や衝動の源である。リビドーと言われる生と性のエネルギーがここから発せられる。ここは快楽原理に従う。

②スーパーエゴ（超自我）：発達の過程で親などからしつけられて獲得した良心の源である。

③エゴ（自我）：イドからの欲求や衝動の突き上げとスーパーエゴからの抑制を強いられる中で現実的で適応的な対応を行う。現実原理に従うと表現される。

スーパーエゴの力が弱ければ容易に誘惑に負け，非行・犯罪に陥ることになる。一方スーパーエゴの力が強過ぎれば，自己を過度に抑制し，ヒステリーなどの心理的障害に陥ることになると言う。やはり，欲求を適度に充足し，衝動をコン

Ⅱ 個性の構造を考える　7

図1-3　フロイトが考えた人格の構造

トロールする均衡のとれた人格構造が必要である。

フロイトは無意識の働きとしての防衛機制についても言及している。心が傷つきそうになると，とっさに反応して危機を回避する心のメカニズムのことである。

①昇華：攻撃衝動の高い人が格闘技という公認されたスポーツでその衝動を発揮し，賞賛を浴びることなど。
街中で攻撃衝動を表出すると犯罪者の烙印を押される。
②合理化：失恋した時相手が悪い人だったと責任を相手に転嫁し，心の均衡を保つ。
自分が異性に好まれない容姿，性格の持ち主だということを認めると自分が傷つき，立ち直れなくなる。
③退行：危機的な場面，たとえば不登校の状態に陥り，先が見えなくなったとき，子どもがえりし幼児語を使ったり，親に甘えたりする。
④疾病避難：学校に行きたくないという無意識の気持ちから，熱が出たり，手足が動かなくなる。熱が出ると学校に行かない理由が示せる。

その他，補償，代償，反動形成，投射，白昼夢などがある。たとえば合理化は一時的に危機を回避するメカニズムであるから，失恋して合理化しているときには回りの者はそれを容認すべきである。しかしいつまでも合理化で乗り切ろうとし，自己の改善を行わなければ，人格の成長がなく，また同じ危機に陥る。防衛機制は，その事によって一時的にせよ適応できるという意味で適応機制とも呼ばれる。それゆえ，

この機制の使われ方を見て指導すべきである。

2 ユングの思想

はじめフロイトの精神分析の研究を共に行っていたが，後にフロイトと一線を画するようになった人にユング［Jung, C. G.］がいる。フロイトが夢やちょっとした言い間違いなど，その人が気づかない無意識を重視するのに対して，ユングは意識されている世界も重要だと考えた。彼は人の個性を向性という言葉で表し，内向性—外向性という言葉を作った。

内向型の日本人は外向型の欧米人にあこがれ，外向型の欧米人は内向型の日本人の人柄に魅力を感じる。

さらにユングは心の活動様式を，思考，感情，感覚，直観に分けた。思考と感情，感覚と直観は相反する機能である。思考型の男性は理屈を言うが，感情型の恋人は感情を素直に表現する。相反する型の人には最初は反発するが，そのうち自分が持っていない機能を持っている相手に強く魅かれるようになる。そして，思考型の人はそれまで十分ではなかった感情機能を有するようになり，バランスのとれた人格へと変わるのである。

このように無意識を意識に取り込みながらその人らしさを作っていく過程を個性化の過程と言い，そのようにして自己を作り出すことを自己実現の過程という。河合隼雄［1967］は，難解と言われるユングの思想を分かりやすく解説している。

図 1-4 向性の異なる相手に魅力を感じ，それを自分に取り入れる。

Ⅲ 標準から逸脱した個性

あまりにも標準から外れた個性も存在する。それらは通常，異常という概念でとらえられる。

1 思考の異常

①不安，恐怖，強迫

われわれも，不安や恐怖を体験する。漠然とした恐れのことを不安，ヘビが怖いというように対象がはっきりとした恐れのことを恐怖と言う。いつも何がしかの不安に付きまとわれ，ときに心臓が高鳴り，死ぬのではないかとの思いに（不安発作またはパニック）襲われるものを不安神経症（ノイローゼ）という。

夜，床に就き，戸締りやガスの元栓を締めたか気になり，何度も確かめに行かないと気がすまない人がいる。これが高じると，眠れなくなる。そうなるとその人の癖という範囲を超える。先ほど戸締りを確認したのにまた不安になり，確認したかどうか思い悩むのを強迫観念，その思いのため，何度となく確かめに行くことを強迫行為という。これらはまとめて強迫神経症と呼ばれる。

恐怖症は強迫神経症の一部と考えられている。たとえば閉所恐怖症の人は，四畳半の部屋の中で恐怖を感じるのは馬鹿馬鹿しいことだと思っているが，実際は息苦しさを感じ耐えられなくなる。そのため，どんなに寒くてもまた暑くても窓を少し開けていなければ気がすまない。これらは強迫観念や

強迫行為と同じものと考えられている。
　不安神経症，恐怖症，強迫神経症は，心理的原因によって起こる心因性疾患と考えられている。

　②思考の筋道
　考えの筋道のことを思路と言う。思路にもいくつかの個性的なパターンがある。

「駅を降りてまっすぐ行くとくだもの屋があります。その店の先の角を右に曲がるとたばこ屋があります。そこを左に曲がって三軒目が私の家です（標準的な思路）。」

「駅を降りてまっすぐ行くとくだもの屋があります。夏はスイカがありますが，今はもうリンゴしかおいてないかもしれません。そのご主人は最近入院されたと聞いていますが，退院されたかどうかは分かりません。その先を右に曲がるとたばこ屋があります。そこの奥さんが最近はたばこが売れなくなって困っているとこぼしています。そのたばこ屋さんの角を右ではなく左に曲がって山田さん，田中さんがあってその次が私の家です（迂遠・冗長：知的水準の低下。認知症のはじまりなど）」。

「駅を降りたらリンゴです。リンゴは青森。青森駅を発車すると煙の中。煙の先のたばこの先が私の家（支離滅裂。統合失調症あるいはシュールか）」。

③思考内容

思考内容にも，健常な人でも生じるものと，健常な人では生じ得ないものがある。健常な人では体験できないような思考内容の体験をすれば，精神の病が考えられる。

「失敗をしでかした日。道を歩いていると級友が自分のことを見ている。自分のことに関心があるみたいだ（推理）」。

「失敗をしでかした日。道を歩いていると見ず知らずの人が自分のことをジロジロと見て，あいつがヘマをしでかしたんだと言っているような気がする（邪推）」。

「道を歩いていると遠くで車のクラクションが鳴った。お前は馬鹿だと言っている。家に帰りテレビを見たら犯人が捕まったとニュースでやっていた。次はお前を捕まえると言うメッセージだ（妄想，統合失調症など）」。

2　感情の異常

われわれも楽しみにしていた旅行の朝，目を覚ますと朝日が差し込み，カーテンの隙間から青空が見えると，全身に力がみなぎり，パッと目が覚める（爽快気分）。これが何日も続き，明らかに寝不足なのに爽快さが持続すると正常とは言えない（躁状態）。

また，急に両親が事故死をしたら，悲しみのあまり誰にも会いたくなくなり，自室に閉じこもり，泣いてばかりいる。

しかし，何の理由もなくこのような悲しみに襲われ続けるとやはり異常と言うべきである（うつ状態）。

■ 3　行為の異常

強迫行為者は，自分が馬鹿馬鹿しいことを行っているという意識があっても，何度も同じ行為を繰り返さないと気がすまない。馬鹿馬鹿しいと感じる自我が薄れた場合は，単なるこだわり行動と見られる。意味のないこだわり行動，たとえば家の中のコンセントのネジを外して回るなどは，自閉症やその圏内の人たちによく見られる。

育児に疲れた母親がこの子さえいなければと思い，発作的・短絡的に子どもをベランダから投げ捨てるという事件が起きている。このとき母親はその時の状況を思い出せないのが常である。これはヒステリー性の原始反応，あるいは解離性障害によるものと考えられる。

また学校に行きたくないと無意識に思っている子の利き腕が動かなくなることがある。これもヒステリーであり，アメリカ型の分類では転換性障害と呼ばれるものである。

古典的には大家族に嫁ぎ，言いたいことが言えない嫁が，喉にピンポン球がつまったと訴える「ヒステリー球」が有名である。もちろんどの場合も身体的には異常は認められない。

われわれは自分の意思で本を読んだり，文字を書いたり，道を歩いたりする。つまり意識を持って行動を行っている。しかし，その意識が無くなる人もいる。そうすると角を曲がったのは自分の意思ではなく，何者かにテレパシーで操られたのだと言う（させられ体験。統合失調症）。重い人格の障

害が考えられる。

4 コミュニケーションの異常

　われわれは相手の言葉やしぐさを理解して，それにふさわしい対応を行う。これがコミュニケーションである。自閉と呼ばれる現象は，相手の言葉やしぐさが理解できなくなり，自分だけの世界にとどまることである。そうなるとコミュニケーションに障害が生じる。

　一般的な自閉のイメージは自分の殻に閉じこもり，活発な活動を行わない印象があるが，活発に活動する自閉があることをミンコフスキー［Minkowski, E., 村上訳, 1954］が述べている。

　「『質素な家具しかない小さな家に，勤め人の家族が住んでいる。父親の俸給は日々の生活にやっとである。母親はある日突然，以前子どもたちが受けていた音楽のレッスンを続けてやるためにピアノを買いたいと主張する。父親は家計のことを持ち出して反対するが無駄である。彼女は裁縫の仕事を見つけ，幾夜も徹夜する。彼女はピアノのことは何も言わなくなったが，父親はある日勤め先から帰ってきて，部屋に立派な新しいピアノが置かれてあるのを発見してびっくりする。ピアノは他の家具や彼らの生活とはまったく調和せず，外国人のように，死人のように見える。』彼女のピアノが欲しいという願望には，少しも不可解な点も病的な点もない。彼女は欲しいと思ったものを手に入れた。われわれはほとんど彼女

の忍耐を賞賛したくなる位である。それにもかかわらず，その行為には何ものか欠けている。いわば生命が欠けている。ピアノは彼女の境遇において邪魔者でしかなく粗末な部屋とは全然調和しない。かくも粘り強くされた行為には将来性がなく，その過度の硬さのために無意味となる。」

ミンコフスキーはこのような自閉を豊かな自閉と呼び，貧しい自閉と区別している。ずいぶん古いこのミンコフスキーの著述は，現代の「おたく」と言われる人たちを考えるうえで大きな示唆を与えてくれる。

外部から高名な講師が来校し重々しく講演をしている最中，その場の雰囲気を読み取ることができず，自分の疑問を，状況を無視して講師にぶつけたりする，いわゆる空気が読めない人と言われる人がいる。近年，このような人の中に高機能自閉症と呼ばれたり，アスペルガー症候群と呼ばれたりする人たちがいることが指摘されている。一般的に知能水準が悪くないのが特徴である。

図 1-5 「目は口ほどにものを言う」。表情は重要な非言語コミュニケーションの手段。まちがえれば人間関係を損なう。

Ⅳ　心の病の分類

　前節で述べた心の機能の状態から心の病を分類している。古くは病気の原因を推定して分類を行った（病因論）。この考えは現在でも一部残っている。心理的原因から生じるものを心因性，原因不明だが，原因がその人の内にあると考えられ，ウイルスや細菌などその人の外部に由来する原因が考えられないものを内因性という。

　内因性の病の特徴は，脳の実質に損傷が見られず（現在の医学的検査の範囲においてだが），働きだけがおかしいので，機能性のものと考えられている。

　それに対して梅毒に感染して脳炎を起こし，組織が破壊されたり，脳卒中（脳の血管が詰まったり，出血したりする）によって脳組織が壊れたりするものは器質的なものと言われている。

　心因性の心の病は，狭義では精神病とは呼ばれない。何をもって精神病と言うかについては，さまざまな考えがあるが，ヤスパース［Jaspers, K.］は，われわれが理解できるか（了解可能），理解ができないか（了解不能）によって分けることができると言っている。愛する人を失って悲しんでいる人の気持ちは了解可能だが，頑張って働いてやっと出世できた時に悲しんでふさぎこんでいる人の気持ちは了解不能であろう。

■ 1 心因性と考えられる心の病―神経症(ノイローゼ)―

①不安神経症

この疾病に分類されるものは、不安を主症状とするものである。この中には急性の不安発作（パニック）と持続的に不安状態にあるものとがある。不安発作は、死の恐怖感に突然襲われ、自律神経系の失調状態、たとえば心臓が高鳴る心悸亢進、頻繁に排尿したくなる頻尿、過呼吸などの呼吸困難、発汗、ふるえなどの身体症状が伴う。このような症状は短時間のうちに消失し、医学的に精査しても異常が見つからない（パニック障害）。不安発作に襲われる人は、一人で外出することができず家に閉じこもることが多くなる。頻尿や下痢を伴う人は、トイレが備えられていない乗り物に乗ることができなくなる。

持続性の不安は、自分が死ぬのではないか、家族が死んだり事故にあうのではないか、地震などの大災害が起こるのではないかと、多少とも現実性のあるものから、対象のはっきりしない漠然とした不安を抱くものまである。このような不安感をたえず抱いてると、集中力が欠けたり、ちょっとしたストレスで身体的な症状を引き起こすことがある。

②ヒステリー

フロイトによって心因性の病気と考えられるようになったものである。ヒトの原始的反応によるものと考えられている。大地震に襲われた時、人は驚愕し、放心状態になる。いわゆる、腰を抜かすという状態になる。これが原型である。また、心理学的な問題から身体的異常が生じる。たとえば学校に行

きたくないと無意識に思っている生徒の右手が突然動かなくなることがある。もちろん神経系や骨格・筋肉系に異常は認められない。このようなものは転換ヒステリーと呼ばれる。心理的問題が身体に転換されたのである。もうひとつは，恐怖のあまりそのときのことを想い出すことができず，ただざまよっていたという場合がある。これは解離ヒステリーと言われる。意識がとんだ状態であり，現実から離れたという意味である。

③強迫神経症

前節で述べた強迫観念と強迫行動からなる神経症である。何ごとも完全にやり遂げないと気がすまない人（完全欲人）がなりやすいと言われている。どこまでがその人の癖で，どこからが病的なのかの線引きは難しいが，日常生活に支障をきたすようであれば，病的な状態と考え，専門医を受診する必要があろう。

④恐 怖 症

不合理な恐怖感を抱くという意味で強迫神経症と同類として扱われる。さまざまなものが恐怖症の対象となる。人に関するものであれば，人を恐れる対人恐怖，人前で顔が赤くなるのを恐れる赤面恐怖，視線が会うのを恐れる正視恐怖などがある。これらがベースにあると，人が大勢いる中，たとえば教室の授業や体育館での行事に出られなくなることがある。特定の場所に関するものでは，高い場所を恐れる高所恐怖，閉ざされた狭い場所を怖がる閉所恐怖がある。これらは

われわれも感じるものであるが，ビルの2階で震えていたり，窓を閉めた乗用車の中で息苦しさを感じるとこの病名が与えられる。また広場恐怖もある。広場恐怖とは文字どおり広い場所を恐れるが，われわれもグラウンドのまんなかにいて，急に頭上で雷が鳴ると，言いしれぬ恐怖感を感じるであろう。そのような恐怖感を通常の広い場所で感じるのである。

その他，不潔や病気に関するものもある。不潔恐怖になると不特定多数の人が握る電車やバスの吊り革や取っ手を握れなくなる。そのとき，ハンカチやちり紙をはさんで握るといくぶん気が安まる。不潔恐怖の人はこのような心情から頻繁に手を洗わないと気がすまなくなる。これが強迫行為である。

また，尖った物が怖くなり包丁を持てなくなるような尖鋭恐怖，眠ってしまったら二度と目を覚まさなくなるのではないかと眠ることを恐れる睡眠恐怖もある。後者は重症の病人の口からよく聞かれる。

恐怖症はわれわれが感じる恐怖と同質のものであるが，その程度が異なると考えられている。それゆえまだ了解可能な範囲であると言える。その他，あまりわれわれが体験しにくい恐怖もある。自分が万引きするかもしれないと恐れ，スーパーマーケットやデパートに行けなくなったり，電車が来たら自分は飛び込むのではないかと恐れ，ホームの柱にしがみつくものもある。ここまでくると少々了解しにくいこともある。

⑤抑うつ神経症

次節で述べるうつ病の症状とほとんど同じ症状を示すが，

心理的な原因が考えられる場合，抑うつ神経症，反応性うつ病，心因性抑うつ病などと診断される。心理的原因の中でもっとも多いのが対象喪失である。愛する家族と死別したり，災害で住みなれた家や故郷を失くしたり，定年で地位や名誉を失くしたなどがこれにあたる。几帳面，生真面目といった性格特徴を持つ人に発症が多いと言われている。

　仕事一筋で生きてきた真面目な労働者が定年を迎えたときなどに発症しやすいので，あらかじめ定年後の生き方を見すえて，趣味などを広げて準備しておくことも必要である。

⑥心気神経症（ヒポコンドリー）

　身体的原因が認められないのに，自分の身体的不調を執拗に訴えると，このような診断名をつけられる。胃の不調を訴え，いくつもの病院を受診しても異常がないと告げられると，次は心臓が悪いのではないかとクヨクヨ考え，また病院めぐりをはじめる。根底にある不安感がなくならない限り症状は体中をかけめぐる。

⑦神経衰弱

　一般によく使われる用語であるが，定義があいまいなところもある。ちょっとしたことでイライラし，刺激に敏感になり（刺激性の亢進），疲れやすくなり，たとえば一時間教室に行っただけで疲れた疲れたと言い保健室で休んだり（易疲労性），注意集中の困難さを訴える。たえず不機嫌で，身体的不調を訴える。不登校の生徒の中にはこれにあてはまるような人もいる。

■ 2 内因性と考えられる心の病―精神病―

①躁うつ病

　抑うつ神経症が心理的要因によって引き起こされることを先に述べたが，躁うつ病は動機のない感情障害である。つまり爽快になったり，悲しくなるような背景が客観的に確認されないのにそのような感情が生じ，一定期間持続するのである。

　もうひとつの特徴は病気の経過に周期性があるということである。気分が高まる躁状態が続いたあとに気分が沈むうつ状態が現れる。これら二つの位相の間は正常である。この周期は人によって異なり，数ヶ月ごと，数年ごとに生じる人もあれば，一生に一度という人もいる。また，躁状態のみ，あるいはうつ状態のみしか現れないタイプもある。この病気は周期的に症状の出現を繰り返すが，繰り返しながら徐々に悪化していくという進行性のものではない。いわゆる精神荒廃（欠陥状態）にいたらないという点も重要な特徴である。

　躁うつ病は感情障害を主とするので感情病，躁とうつを繰り返すサイクルがあるという意味で循環病とも呼ばれる。

　a) うつ状態　　抑うつ気分となる。その内容は，原因がないのに何を見ても何をしてももの悲しい（悲哀感），不安，じっとしていられないような憂うつ感である。精神運動抑制があり，行動が不活発となり，仕事の能率が低下し，勤務困難な状態にまでなる。同時に精神活動も不活発となり患者はしばしば「頭の働きが鈍くなった」，「何を話していいのか分からない。考えが出てこない」と訴える。決断も悪くなる。

「病院に行こうと家を出るのですが，電車にしようかバスにしようか考えてどうしてよいのか分かりません。電車は混んでいるでしょうし，バスには前に酔ったことがありますから，どちらにしようか迷っているうちに一時間も時間がたってしまって，診察時間に遅れてしまいますから，家に帰ってしまいます」［西丸四方，1949］。万事このような調子である。

その他，客観的にはそのような状態でないのに，自分は貧乏だと言い，お金を使いたがらなくなる（貧困妄想）。また自分はとてつもなく悪い人間だと言い，何十年も前の小学生のとき，友人に鉛筆を貸してあげなかったと悔やんだりする（罪業妄想）。罪業感が高まると殺生をきらい，害虫も殺せなくなったり，肉や魚などが食べられなくなることもある。患者はこれらの症状に加えて，たえず自殺を考えるようになる。

うつ病患者と接する人は自殺の危険性を十分に知っておくべきである。自殺の手段は，縊死（首つり），高いところからの飛び降り，電車への飛び込みなど致死性の高い手段を用いることが多い。むやみに励ますと，励ましに応えられない，まわりに迷惑ばかりかけてすまないと，よけいに沈み込み自殺念慮（自殺を考えること）を促進するので，うつ状態にある人に対しての励ましは禁物である。

この病気は朝に調子が悪く，昼すぎあるいは夕方に軽快するという一日での変動も見られる（日内変動）。

これまでうつ病は成人の病気と言われ，自我が未熟な児童には生じないと考えられていたが，現在では児童・生徒にもうつ病が生じると考えられて，対処されるようになってきた。発達障害のためうまく人間関係が築けず，孤立したり，

いじめにあって，このような状態に陥っている人に出会うこともめずらしくない。反応性うつ病との鑑別（区別）は必要である。

　b）**躁状態**　うつ状態にあった同じ人が，時期が異なると躁状態を示す。症状はうつ状態とは正反対である。朝，目が覚めると全身に活力がみなぎり，非常に気分がよい（爽快気分）。同時に精神運動興奮が生じ，患者は考えが溢れてくると言い，おしゃべり（多弁）になる。そのためしわがれ声が特徴となる。ただし話している内容は次から次に話題が変わりまとまりをもたない（思考奔逸）。「うちの女房がね。病院に行ってみてもらえってきかないんですよ。女房の奴が，女房なんか質に置いて酒を飲めだ。どうです，今夜ひとつ一杯やりに行こうじゃありませんか。あのバー・オリオンには，なかなかいい娘がいますよ。オリオン，スバル，北斗七星，南十字星，ああ，南極探検隊はいいだろうなぁ。おや，あなたの時計はなかなか洒落てますね。今何時です」［西丸四方，1949］。

　行動も活発でたえず動きまわるが，これもまとまりがない。無遠慮になり，深夜早朝おかまいなく外出徘徊し，知人宅を訪問したり，電話したりする。また不必要で高価なものでもやたらに買いあさる。このような状態なので，まわりの者は軽薄な印象を受ける。このような行動を注意したり制止したりすると非常に怒り，暴行に及ぶこともある。感情の動きも激しいのである。

②統合失調症

　早発性痴呆，精神分裂病をへて現在は統合失調症と呼ばれるようになった病気である。早発性痴呆の病名からも分かるように，人生の初期（主に青年期）に発病し，やがて痴呆に至ると考えられていたが，発症が必ずしも青年期に限らないこと，症状が知的低下を示す痴呆とは趣を異にすることから，感情，思考，意思といった精神機能が分断された病気という意味で精神分裂病，これらのまとまりが失われたという意味で統合失調症という名称が与えられた。これがこの病気の基本概念である。発病頻度は人口の1％弱と言われ，狭義の精神病では一番高い発生率である。特に若いときに発病するので，若い人と接する教師などはある程度の知識を持っているべきである。

　この病気はさまざまな症状を示す。一般的には3つの型に分類される。

　a）破瓜（はか）型　　破瓜とは青年という意味である。20歳頃に徐々に発病し，慢性に経過し，やがて人格荒廃に陥りやすいタイプである。人目を避け，学校や職場に行かなくなり，自宅，自室にこもるようになる。生活もだらしなくなり，やる気がおきなくなり，何をするでもなくゴロゴロしている。テレビを見たり音楽を聞いても何の感動も生じない（感情鈍麻）。被害的な幻聴や被害妄想，関係妄想が生じることもある。

　この型の初期は一般的な不登校との区別（鑑別）がつきにくいことがあるので，このような生徒がいたら注意深く観察

し，必要に応じ専門医を受診させるべきである。

b) 緊張型　20歳頃に突発的に発病する。激しい興奮状態を示す。裸になって飛び回ったり，まわりを攻撃したりするかと思えば（緊張性興奮），まったくの無動状態になり，じっとして動かなくなるものもある（緊張性昏迷）。奇妙な行動を示すので一見して異常と分かるタイプである。

c) 妄想型　発病時期はやや遅く30代頃である。幻覚妄想を主症状とする。内容は被害的なものが多い。誰かに盗聴されている，後をつけられていると執拗に訴える。「お前は人殺し」などの幻聴も聞こえてくる。患者は不安になる。また，幻聴以外の感覚異常も生じる。寝ていると布団の下から手が出てきて自分の足を触られると訴えるなどの身体幻覚，食べ物の味が変だと感じる幻味などである。幻味から毒をもられているという被毒妄想に発展し，拒食につながることがある。

　内因性のものと考えられる精神障害が疑われる場合は迷わず専門医を受診させるべきである。治療は薬物が中心となる。

③その他の精神障害
a) てんかん　全身を硬直させ（強直けいれん）次に震える（間代けいれん）からなるけいれん発作（大発作）を起こすものだけがてんかんではなく，一時的な意識の消失（小発作），当人が覚えていない奇妙な行動（精神運動発作）が

見られる場合は、てんかんの疑いがあるので、専門医を受診させる必要がある。脳波検査により診断される。

b) 薬物中毒　　アルコールを摂取しつづけることによって慢性アルコール中毒に陥る。中毒症状としては震戦せん妄（ふるえと意識障害）と知的水準の低下である。さらにこの病気の回復を妨げるのが禁断症状である。アルコール摂取をやめると激しい自律神経失調状態、錯乱が生じるので自ら飲酒が止められなくなる。この病気の特徴に嫉妬妄想があり、働きに出た妻が不貞をはたらいたと思い込み、殴る蹴るの暴行を加えることがある。

覚醒剤中毒は統合失調症様の幻覚妄想状態に陥る。そのために、まったく無関係な人を殺傷することがあり、大きな社会問題となっている。

薬物中毒を自ら治すことはまず不可能である。専門病院に入院させ、症状を取り去るとともに、薬物に依存しなくても生きられるような生活指導を行うことが必要である。このようなアフターケアを行わないと、何度でも繰り返す。

図 1-6 覚醒剤中毒者の腕には注射のあとが見られるのが常である。

V 犯罪者の分類

　個性と犯罪が直接結びつくわけではないが，いくつかの犯罪では個性との関係性が論じられることがある。犯罪の分類ではゼーリッヒ［Seelig, E., 植村訳, 1962］が，古典的ではあるが有名である。

　①労働嫌忌職業犯罪者
　どの時代でも，どの国でもいる犯罪者のタイプ。まともな労働が嫌で，効率の良い稼ぎ方をするが，それが犯罪となるタイプである。それゆえ常習犯が多い。スリ，窃盗，強盗などの犯罪である。国際的な文書偽造や貨幣偽造もこの中に入る。また売春もこの類である。

　②抵抗力僅少からの財産犯罪者
　このタイプの犯罪者は，普通はまともな社会的職業に従事している。たまたま誘惑に負けて犯す犯罪である。金銭を扱う店員が小銭を着服することから，決定権を持つ地位にある者が収賄を行うなど幅が広い。誰でも犯す可能性のある犯罪であり，機会犯が多い。

　③攻撃癖からの犯罪者
　情動興奮性の高い性格，抑制力欠如などが重なり合って起こす犯罪である。繁華街のチンピラがガンつけたと殴る蹴るの暴行を加える。粗暴犯である。身体的に丈夫な男性ではな

く女性であれば，悪質な陰口，いやがらせ電話やメール，時には毒殺という形をとる。

④性的抑制欠如からの犯罪者

　この型の犯罪は，性倒錯など性的発動の抑制欠如から生じる犯罪である。それゆえ通常の性行為で効率よく稼ぐ売春はこの中に入れない。性的発動の異常とはサディズムのような他人に危害を及ぼすことによって性欲を満足させるようなものから，洗濯物の女性用下着を盗むものまで幅広い。サディズムは，古くから「嫁切り」と呼ばれる若い女性の身体をカミソリなどの刃物で気づかれずに切るものから，相手を殺すことによってはじめてオルガスムスを感じるものまである（快楽殺人）。これは大量殺人に発展することが多い。性欲そのものは処罰対象とはならず，パンティ泥棒は窃盗罪，サディズムからの犯罪は傷害罪，殺人罪が適応されるが，動機としての性欲の抑制欠如は考慮される。

⑤危機犯罪者

　一言で言えば，危機（クライシス）を犯罪で乗り切るものである。経済的危機のため強盗や保険金詐欺などを行うのがこれに入る。危機にはさまざまあるが，空腹のために一切れのパンを盗むという考えさせられる犯罪から，出世の妨げとなった愛人を計画的に殺害する身勝手な犯罪までいろいろである。この犯罪は機会犯ではなく，計画的犯行に特徴がある。

図 1-7 計画的に危機を回避しようとして行う犯罪は危機犯罪である。

⑥原始反応犯罪者

　上記と同じような危機に遭遇したときに起こす犯罪であるが，危機犯罪と異なるのは，計画性がなく，突発的，短絡的なところである。前節で述べた行為障害のヒステリー反応に相当する犯罪である。子育てに疲れた母親が突発的に子どもを殺すのは，古くから「子守り女の子殺し」として有名である。また，奉公先の仕事がつらく，たまらず奉公先に火をつける「郷愁放火」も古くから存在する。この奉公先がなければ故郷に帰れると発作的，短絡的に火をつけるのである。

⑦確信犯罪者

　法規範と自分の良心に従う規範とが一致しないのが，この犯罪である。政治的暗殺者（テロリスト），信じる宗教に基づく徴兵拒否や対立する宗教への攻撃などこれにあたる。それゆえ犯罪者の評価は文化や状況により異なる。

⑧社会訓練不足からの犯罪者

　法に触れることを知らなかったために起こす犯罪である。停車禁止区域とは知らずに停車する道路交通法違反者から，ワシントン条約に定められた毛皮を持ち込もうとして罰せられるケースがこれにあたる。

　このほかに⑨混合型，⑩犯罪学主型以外の犯罪者がある。

図 1-8 追いつめられた子が我を忘れ突発的にその場にあった凶器を用いて行う犯行は原始反応犯罪である。

第2章 人の成長

一般に人が成長する過程のことを心理学では発達と言う。発達はヒトの発生から死までの全過程を言う。

ヒトの生命現象は卵子が受精した段階からはじまる。そして出生という劇的な変化を経てこの世にその姿を現す。その後成長し，子孫を残し，衰えて死滅していく。ヒトも生物であるかぎり，このようなボーフラの一生みたいな過程をたどる。しかし，きわめてデリケートにできている人間は，皆が同じように歩んでいくわけではない。下の子が生まれたら，上の兄姉が幼い子どもに戻ったように甘えだす退行と呼ばれる現象が生じることをフロイトは指摘している。扱い方を間違えれば子どもの成長が損なわれる。この章ではこのような子ども理解の基本を学んでもらう。成長にはそれぞれの時期で獲得しなければならない課題がある。課題を獲得させるには環境整備が必要である。あるいは何もしない方がいい時期もある。青虫がさなぎになったとき，動かないからと言って突っつき回すと死んでしまう。このような基本的なことをヒトの成長の過程でも学んで欲しい。

I 発達の原理

発達はヒトそれぞれ，独自のあり方でなされるのでない。発達には一定の決まりごとのようなものが存在する。それを発達の原理と呼んでいる。

①連続的過程

子どもがある日突然寝返りしたり，つかまり立ちをしたり，ある日を境に行動が急に変わることはよく観察される。しかし，これらはその前の発達が十分になされて生じたものである。このように急に生じた行動の変容も，その前の行動があってはじめて生じるものであり，それゆえ発達は途切れることのない連続的過程である。ただし，図2-1からも分かるよ

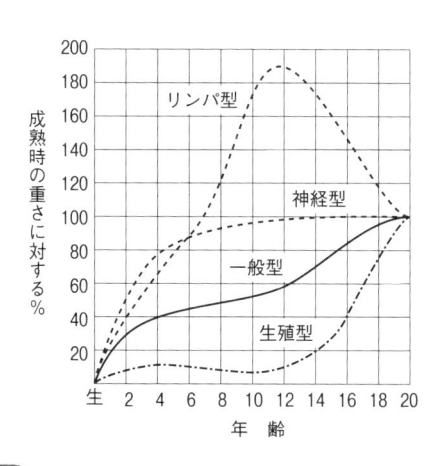

図 2-1 人体各部の異なった発育の型（Scammon の発育曲線）
[Harris *et al.*, 1930]

うに，決して同じ調子で発達しているのではなく，発達には波がある。急速に発達する時期もあれば，緩やかに発達する時期もある。このただし書きも含めて連続的過程なのである。

②遺伝と環境の相互作用

かつては遺伝・環境論争が激しかった。遺伝論はまず家系調査法によって主張された。あるアメリカの軍人とその正妻の間に生まれた子の子孫に知的水準の高い職業に就く人が多く，その軍人と出征先で知り合った女性との間にできた子の子孫に，犯罪者やアルコール中毒者が多かったという報告が元になっている。男性は同じであるので，この差は女性の資質が引き継がれたからなのだと主張する（遺伝論）。反論として，正妻の子の子孫が育った環境は十分学ぶことができる豊かな環境であり，出征先の女性との間にできた子の子孫たちは貧しい地域に住んでおり，幼い頃より犯罪で生活していたからだという考えがある（環境論）。同じデータが遺伝論にも環境論にも用いられる。シュテルン［Stern, W.］は，発達には遺伝と環境の両方が必要で，両者がうまく調和して（輻輳説）豊かな発達がなされると説いて，遺伝・環境論争に一応の終止符を打った。

トイレットトレーニングを行う場合は，膀胱からの情報を十分に感じ取ることができるようになり，また，末梢の膀胱括約筋（半自動。自分でも制御できる）をある程度コントロールできるだけの成熟がなされていなければならない。トイレのしつけ（学習）が可能となるためには，このような身体的成熟が不可欠である。

図 2-2 成熟すると排尿しそうな感じを子どもは自然に感じる。その時に，しっかり学習させるのがコツ。

成熟と学習がうまくかみ合ったときにはじめて豊かな発達が遂げられる。このように，ある学習が行われるのに十分な身体的成熟がなされて，学習の準備が整った状態をレディネスという。ある学習を行わせようとする場合は，このレディネスをしっかり見きわめる必要がある。レディネスを無視して学習を行わせようとすると子どもはストレス以外のなにものも感じないであろう。

③一定の秩序と方向性

乳児の姿勢運動の発達を見たら一定の法則があることが分かる（図2-3）。首がすわり，上半身がしっかりして寝返りがうてるようになって座ることができ，その後足がしっかりして四つんばいし，はいまわることができ，さらにつかまり立

頭部から尾部へ

中心部から末梢部へ

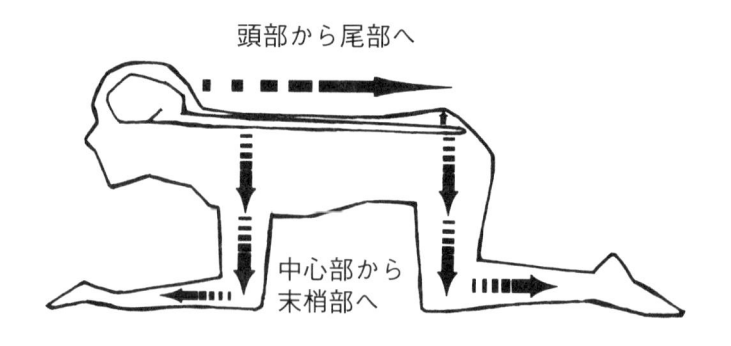

図 2-3 一定の方向性をもって発達する。

ち，直立歩行ができるようになる。このようにひとつの発達の方向性は頭部から尾部の方向であり，もうひとつは中心部から末梢部への方向である。中心部から末梢部とは神経の中心である脊髄から末梢部への方向である。たとえば肩の位置でみれば，肩が動き，肘が動き，手首，手指の末梢部へと独立した動きができるようになる。

　秩序とはとばしたり，後戻りできない順序のことである。ヒトはハイハイする時期の後に立ち上がる時期が来る。いったん立ち上がってからハイハイをしはじめる子どもはいない。順序だてて発達することが発達を円滑に行わせる条件である。

　次の節から述べる乳児期，幼児期，児童期，青年期などと呼ばれるものは発達段階である。発達段階にはそれぞれ発達のテーマ（課題）がある。それを順序立てて行うのである。無理に先の発達段階の課題を行わせようとすると，子どもは混乱し，正常な発達を行えなくなることがある。子どもが親を求め，甘える時期には十分にその欲求を満足させてあげなければならないということである。

④分化と統合

　乳児の能力は限られている。徐々に腕や手を自分でコントロールできるようになることは一定の法則のところで述べたとおりである。これが分化である。機能が細かく分かれてくるという意味である。眼も分化する。出生直後は焦点が定まらないがすぐに目の前の物体（たとえば母親の顔）を凝視できるようになる。その後，目前のゆっくり動く物体を眼で追

うことができるようになる。これは眼の動きの分化である。そのうち，目の前の物を注視し，それに手を伸ばして触ろうとする。はじめは見ている方向とは違う方向に腕を伸ばし触れることができないが，やがて自分の手と物体を見くらべながら，ぎこちなく目の前の物体に手を持っていくことができ，それに触れることができるのである。これが統合である。このことによってそれぞれ分化した機能が統合され，まとまった行為や行動ができるようになる。統合された行動が，協調運動と呼ばれたり，協応動作と呼ばれたりする。目で見たものを手でつかむのは目と手の協応動作と呼ばれる。発達にはこのような現象が多く見られる。脳の中で回路網が整ったからであると考えられている。

⑤個 人 差

表2-1におおまかな自立の時期を示している。これは標準であり，必ずしも個々の子どもたちがこのような時期と合致するわけではない。個人によって少々異なる。また性差もある。女児は言語の発達が速く，男児は積み木遊びなど空間や形態の処理を必要とする遊びを好む。このようなことが発達の個人差としてまとめられるものである。

図 2-4 女児と男児でも行動に差がある。

表 2-1 基本的習慣の自立の標準 [山下, 1949]

年齢	食事	睡眠	排便	着衣	清潔
1;0			排便を知らせる		
1;6	スプーンの使用。茶わんをもってのむ		便意を予告		
2;0				ひとりで脱ごうとする	
2;6	スプーンと茶わんを両手に使う		夜のおむつ不要		
3;0	食事の挨拶 はしの使用 大体こぼさぬ			靴をはく	手を洗う
3;6	完全に自立	昼寝の終止	小便自立	ひとりで着ようとする	
4;0		ねるときの挨拶	大便自立 夢中そそうをしなくなる	帽子をかぶる 前のボタンをかける。パンツをはく	口をゆすぐ うがい。歯みがき。顔を洗う。鼻をかむ
4;6			大便完全自立（紙の使用）	両袖を通す 靴をはく	
5;0				紐を堅結びする	髪をとかす
5;6				ひとりで脱ぐ	
6;0				ひとりで全部着る	

II 胎児期

卵子が卵管の中で受精するとやがて子宮にとどまり着床する。そしてこの受精卵は母体から必要な物質を受け取り，細胞分裂を繰り返しながら成長していく。受精卵はまず三層構造の胚となる。外側から外胚葉，中胚葉，内胚葉と呼ばれる。外胚葉から皮膚と神経，それらから発生する感覚器が形成されていく。中胚葉から骨格と筋，それに心臓血管系，泌尿器系（腎臓，膀胱，生殖器）が発生する。内胚葉から呼吸器系（肺），消化器系（胃，腸，肝臓など）が発生する。

胎児期，特にその初期はヒトの基礎が形成されるのであり，それゆえ母体の喫煙や飲酒，あるいは薬物の摂取といったことが，胎児に重大な影響を及ぼすことがある。十分注意する必要がある。約9ヵ月の胎内での成長を終えると出生する。狭い産道を通って3キログラムもある新生児が生まれてくるので，この時重大な障害が生じる危険性がある。妊娠期間の長い胎生動物の宿命である。

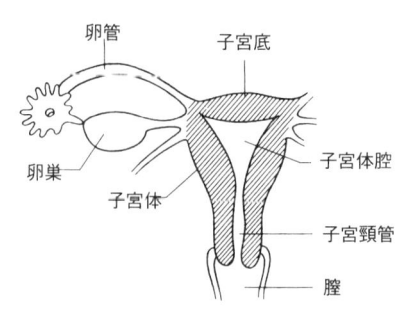

図 2-5 子宮模式図。受精卵は，1週間から10日で子宮に着床する。

Ⅲ 乳児期

　出生してから一歳半くらいまでが乳児期である。出生した乳児は自力で呼吸し，自分で哺乳し，自分の消化器を用いて消化吸収しなければならない。生物学的に自立して生きていかなければならないのである。

1 反　　射
　新生児が持ち合わせている生存能力は限られている。そのほとんどが反射，調節機能である。母乳を吸うという行為は哺乳反射で行われる。口に触れたものは何にでも吸いつくのがこの反射である。手のひらに物をあてると握り返すのは把握反射である。ヒトの祖先の赤ん坊が母親の体毛にしがみついていた反射のなごりだと考えられている。この他にも乳児特有の反射があるが，発達にともない高等な機能が芽生え，原始的な反射は埋もれてしまうのである。

2 協調運動・協応動作
　新生児は，両方の腕を同時に動かすことぐらいしかできない。時間が経つと左右の腕を別々に動かすことができるようになる。さらに，目で見えたものを手で触り，つかむことができるようになる。これは手や目がそれぞれ分化しながら統合した結果である。これを協調運動と言ったり，協応動作と言ったりする。目の機能と手の機能が一致して働くことができたからである。幼児期になると両手でボタンとめやひも結

びができるようになるが，その第一歩がこれである。

3　感覚運動的動作

　乳児は徐々に視覚が発達し，物を見ることができるようになる。しかし，それが何であるかは分からない。お座りができるようになる6ヶ月くらいになると，乳児は空いた手でさかんにまわりの物をつかもうとする。たまたま新聞紙があり両手でつかみ，引っ張るとビリビリ破れる。この感触がたまらなくて，子どもは何度もビリビリ破る（循環反応）。このことによって乳児は，紙は引っ張れば破れることを理解する。

　スイスの心理学者ピアジェ［Piaget, J.］は，これを感覚運動的動作と言った。この動作をとおして，「紙は破れる」あるいは「引っ張れば破れる物」という思考の構造（シェマ）ができるのだと言う。見たものを何のためらいもなく触るという感覚運動的動作を積み重ねることによって，紙は破れる，積木は食べられない，ろうそくの火は熱いというようなまわりの事象のひとつひとつの特徴を学んでいくのである。

4　喃　語

　新生児は不快な時，オギャーオギャーと泣き叫ぶ。この時の音声は叫喚音と呼ばれる叫び声である。2ヶ月くらいになると呼吸のさい，アー，ウーという音声を自然に発する。この音声は非叫喚音であり，言語となる音声なのである。やがてこれはバーバーなど反復音声となるが，乳児のこのような音声は喃語と呼ばれる。10ヶ月ごろになると成人の音声の

模倣ができるようになり，1歳くらいで最初の一語を発するようになる。

■5 アタッチメント

ハーロー［Harlow, H. F., 1958］は，子ザルを母ザルから離し，二つの人工母ザルに育てさせた。一つは肌ざわりの良い人工母ザル，他は金網でできた人工母ザルである。金網の人工母ザルだけがお乳を与えることができた。子ザルは肌ざわりの良い人工母ザルの元でほとんどの時間を過ごした（図2-6）。この実験からハーローは子ザルが皮膚接触（スキンシップ）を求めていることを証明した。最近はスキンシップに

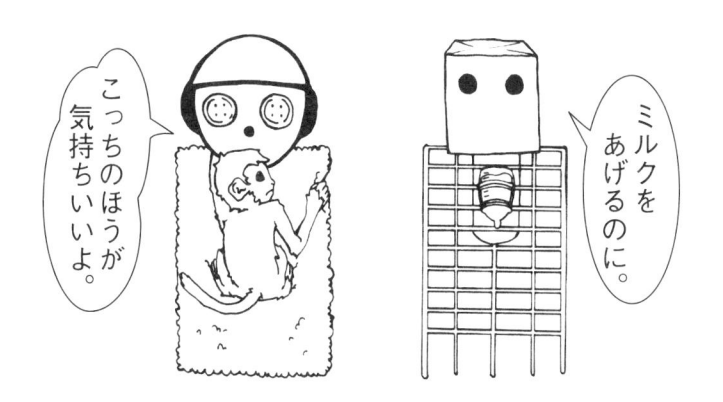

図 2-6　子ザルは肌ざわりのよい人工母ザルを好む。金網の人工母ザルはお乳を与えてくれるにもかかわらず。

かわって，アタッチメントという言葉が用いられる。親にベタベタくっつくという意味である。

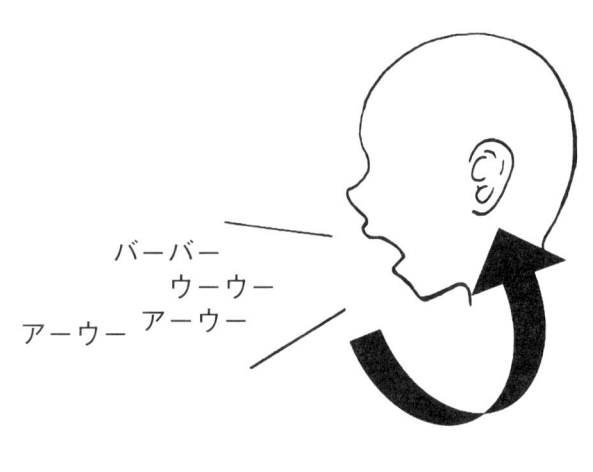

バーバー
ウーウー
アーウー アーウー

フィードバック

図 2-7 乳児は自分が発した音声を自分で聞き，どのように口の形を作り，息の出し方をすればどのような音声が出るかを自分で学ぶ（発声のシェマ）。

Ⅳ　幼児期

　一歳半から小学校に入学する6歳くらいまでが幼児期である。この時期の最初は，直立歩行ができ，かたことの言葉を話し，スプーン程度の簡単な道具を使えるようになる。人としての条件を備えるのである。

1　幼児アニミズム

　子どもは事物に対しても表情を見る。コップが倒れていると「コップさんがネンネしている」と表現する。子ども向けの物語には，このような擬人化した動物や物体がよく登場する。このような現象を幼児アニミズム（物活論）と言う。事物にも自分と同じように生命があり，感情があると考える幼児特有の見え方，考え方のことである。当然成人の考え方とは異なる。立ってばかりいるワイングラスさんがかわいそうだと思って，すべてのワイングラスを横にして雑巾の布団をかけてあげた幼児は，母親からこっぴどく叱られることになるのである。この思考形態は自己からの類推をもとにしたものであり，思考のはじまりに位置していると考えられている。

2　象徴・前概念的思考

　幼児はままごと遊びをよくする。貝がらに葉っぱで砂をすくって入れる。貝がらは今は茶碗であり，砂はご飯のかわりである。そして食事シーンを再現して考えているのである。

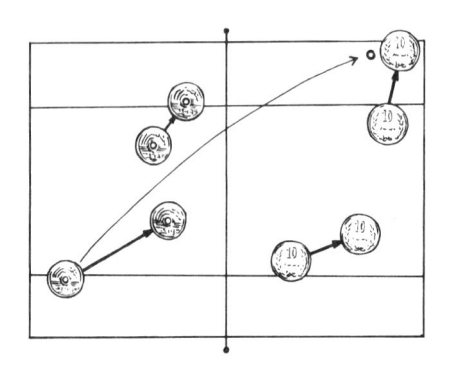

図 2-8 小銭を用いてテニスのフォーメーションを考える。何も使わないより分かりやすい（象徴）。

われわれもこのような具体物を使うかつての思考方法を用いるとよく理解できる（図2-8）。このような思考を象徴という。

象徴と同じ頃の思考形態に前概念的思考がある。幼児はポチ，シロ，クロという名のイヌを知っているが，それらがイヌという概念で統一されていることが理解できない。大きさや色が異なるからである。抽象的な色名については，さらに理解が困難である。アカが言えず，ポストの色，リンゴの色のままである。ポストやリンゴの色相だけを取り出して（抽象化して）アカと言えないのである。

■ 3　直観的思考

小学校入学前後の時期の思考形態である。同じコップに同じだけ水を注ぎ，幼児に見せると二つのコップの水の量は同

じだと答えるが，一方を異なる形状の器に入れて，見かけが変わると，幼児は量が異なるという。この時期の子どもは印象的な一面にのみ着目し，直観的に判断するのである。ピアジェは物質の量や数の保存ができないからだと説明する。当然成人の判断と異なる（図2-9）。

4 言　　語

　乳児期の最後に発せられるマンマ，ワンワンなどは一語文と呼ばれる。幼児期になると語彙が増えるだけでなく，一定の法則で二語文，三語文を話すようになる。日本語では「ボクチャン，バナナ，タベル」であり，英語では「I eat banana」である。環境の中で話されている言語の文法構造を獲得できたのである。幼児は文法構造を理解するばかりでなく，言葉を創り出す能力も持っている。冷たくなったライスカレーをアイスカレーと表現する［村田孝次，1972］。このようにしてこの時期急速に言語を獲得していく。

　ルリア［Luria, A. R., 松野訳, 1969］は，言語と行動の関係を後述するパヴロフの条件反射理論から次のように述べている。1歳半くらいに言語を発しはじめた頃は，言語を行動の解発に用いる。「オンモ」，「マンマ」など，なになにしたい，なになにするという意味で用いる。3歳くらいになると言語を行動の抑制にも用いる。子どもが「チョコレート今食べたらいけないね」としつこく母親に問いかけるが，これは言葉を発し食べたい衝動を抑えているのだと言う。興奮性の条件反射の形成から抑制性の条件反射の形成へと移っていったのである。

図 2-9 幼児は印象的な一面にのみ着目し判断する（直観的思考）。

やがて子どもは具体的に言葉を発することなく頭の中で言葉を操ることができるようになる。ヴィゴツキー［Vygotsky, L. S., 柴田訳, 1962］はこれを内言と呼び, 思考の原型と考えた。

このようなことを考え合わせると, 子どもが自由にひとりごとを言ったり, 話しかけることができる相手がいる環境を整えておく必要があることが分かる。

幼児期に急速な言語発達が行われるが, まだ未熟な面もある。クツをクチュと発音したり, ヘリコプターを何度訂正してもヘコリプターとしか言えないなど, 言語運動面での未熟さがみられる。また, 自動車をブーブー, 犬をワンワンと言う。これはオノマトペ（擬声語）と呼ばれる。これらは幼児語として知られている。成人も電子レンジで調理することを「チンする」と表現する。言語のルーツはこのあたりにあるようである。

5　自立と分離不安

幼児は父親の靴をはいたり, 洋服を着たり, 母親の手助けをこばみ自分で服を着ようとする。これは自立の表れである。その一方で, 夜は母親を探し求める。これをフロイトは分離不安と呼んだ。親から捨てられるかもしれないという不安を幼児は抱いているのだと言う。

親の養育態度として, 自立を促進させるあまり放任すると, 分離不安が解消できず, 不安の強い人格が形成され, 思春期以降, 不適応を起こすおそれがある。一方, 分離不安を解消しようとするあまり, 過保護・過干渉になると, 自分の

ことは自分で行うという自立に失敗し、やがて、自己の価値観に基づいて行動する自律にも失敗し、やはり将来不適応に陥ることになる。

昼間は子どもどうしで遊ばせ、夜は暖かい家庭で安心感を与えるバランスのとれた養育態度が望まれる。

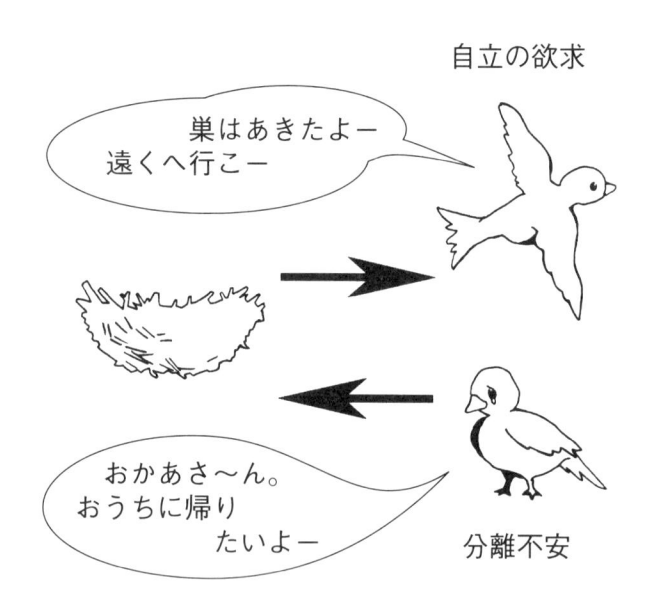

図 2-10 自立の欲求を満足させ、分離不安も解消してあげなければならない。

Ⅴ　児童期

　児童期は，自我が芽生え親の言うとおりにならない幼児期の第一反抗期と，自我が確立する段階になり，親や教師と価値観が合わなくなるため第二反抗期と呼ばれる青年期の間にはさまれた，比較的安定した時期である。この間着々と大人への準備がなされる。特に社会性の発達が著しい。

1　思考・認知能力の充実

　ピアジェによれば児童期は具体的操作期にあたる。量や数の保存が成立する。コップの水を形状の異なるコップに移しても同じだという。移すとき，こぼれたり加えたりしてない（同一性），元に戻すと同じになる（可逆性），水位が下がった分，底面積が広がった（相補性）と言え，100ccの水はどんな容器に入れても100ccのままだということが理解できるようになる。ただこれらを証明するために具体的に元に戻すなどの方法をとる。

　他方，時間や空間の認知能力も発達する。四季の移りかわり，一年の変化が理解できるようになり，ここがどこなのかの場所の認識，どの方向にどのくらい行けば目的地に着くかなどの空間認識ができるようになる。そのため駅で9時集合と言われた場合，何時に家を出なければならないかの見当をつけることができるようになる。それゆえこのような観念のことを見当識と呼ぶ。

　認知症のお年寄りは見当識にも障がいが生じ，春に冬物

の服を出したりする。時間の中でも迷子になっているのである。小学生もまだ見当識が十分とはいえず，明るい夕方から遠くに出かけ家に帰れないトラブルを起こすことがある。

■ 2　社会性の発達

見当識ができることによって社会性が飛躍的に向上する。この時期別の側面からも社会性の発達が見られる。小学校の中学年から高学年かけての時期をギャング・エイジと呼ぶ。この時期，子どもたちは親しい友人との仲間集団を作る。これをギャング・グループと呼ぶ。この集団がときとして畑どろぼうや空屋でのボヤ騒ぎなどを起こし，悪さをしている印象を与えるからそう呼ばれる。ギャング・グループの特徴は，

①構成員が10名を超えることがない（少人数）
②ガキ大将のようなリーダーがいること(強力なリーダー)
③メンバーの一人が他のグループにいじめられるとみんなで仕返しに行く（団結性）
④メンバーの入れ替えや新入者を歓迎しない（閉鎖性）
⑤男女別々のグループ（同性メンバー）
⑥同じ持ち物を持ち合う（共通の秘密）

などである。小学生は友人どうしで遊びに行ったとき一緒に拾った貝がらを大切に持ちあっていたり，同じ店で買った同じ柄のハンカチを持っていたりする。成人が祭りの時おそろいのハッピを着て一体感を持ったり，恋人どうしがペアールックを着るのと同じ感覚である。小学生たちはこのようにし

て集団を形成し，社会化していく。この集団の中でメンバーどうしの関係調整の仕方なども学ぶ。リーダーが間に入り調整することもある。この時期からどのギャング・グループにも入れない子がでてきて，いじめがはじまることがある。

図 2-11　生物にとって生存に不可欠な食べ物やすみかを共有することは最大の愛情表現である。同じ屋根の下で家族で食卓を囲むことが重要。

VI 青年期

　性的に成熟し，子どもを産み育てることができるが，まだ結婚せず，単独行動をとる時代が青年期である。具体的には中学・高校生くらいから20代の後半くらいまでである。このような長い青年期が見られるのはヒト以外には見あたらない。青年をレヴィン［Lewin, K.］は境界人（マージナル・マン）といい，フロイトは心理的離乳と評した。

1　思　考
　青年期以降の思考形態は，形式的操作といわれる。もはや具体的に物を操作し，移したり元に戻したりして考えることをしない。言語と記号を用いて証明する。たとえばA＝B，B＝C，それゆえ，A＝Cとなるといった具合である。形式論理が思考の中心となる。

2　情緒の発達
　幼児にも喜怒哀楽の感情はあるが，青年になると好きな音楽や絵画が現れ，複雑な人間関係のドラマを理解でき，共感したり，反発したりするようになる。このような心の側面は感情よりもっと進んだ感情と考えられ，情緒または情操と呼ばれる。しかしこの時期の情緒はまだ不安定である。16, 7の娘は箸が転んでもおかしいと表現されるゆえんである。
　さらにこの時期は，ひとりよがりの危険性の時期とも言われる。思い込みに陥り，そこから抜け出せなくなることもあ

る。自分がぬくぬくとした環境の下で勉強している間に，世界では多くの人たちが苦しい生活を強いられている。自分のことより他の人のために働くべきだとの強い思いにかられるのもこの青年期の特徴である。

さらに袋小路に入り込み，抜け出せなくなった悲劇が自殺となって現れる。自分が受験勉強をして志望校に受かると，同じように勉強した知らない誰かが落ち，その人を苦しめることになる。自分は知らない誰かを苦しめるために勉強しているのだという理由から自殺を図った子どももいる。青年女子は，自殺を企図する友人に同情し，共に死んであげることが友情だと信じ，死を選ぶことがある（同情自殺）。青年の自殺の理由は成人が一般的に考える理由とは合致しないことが特徴である。それゆえ自殺のサインを発見しにくい。

3 自我の確立

エリクソン［Erikson, E. H., 小比木訳, 1973］は，青年について青年期モラトリアムという用語を用いて解説している。モラトリアムとは，支払い延期，支払い猶予という意味の経済用語である。若者は社会的責任を引き受けることを猶予されており，若者自身も容易に自己を体制化しようとしないというのである。この間若者はさまざまな経験をし，自分がいったい何をしたいのか，何ができるのか，どうやって生きていくのかを考えるのだという。つまり，自我同一性を確立するために必要な期間なのだと言う。

しかし，最近は，モラトリアムの期間が長くなり，30歳，40歳になっても定職につかず結婚もしない人が増えている。

図 2-12 明治36年5月,第一高等学校生徒,藤村操(18歳)が,日光,華厳の滝に身を投げて死んだ。かたわらの樹の幹に漢詩調の遺書を残した。共鳴した若者十数名が同じように身を投じた[事件・犯罪研究会編,1986]。歴史は繰り返されている。

> 悠々たる哉
> 天壌,遼々たる哉古今,五尺の小軀を以て此大をはからむとす,ホレーショの哲学竟に何等のオーソリチーを価するものぞ,万有の真相は唯一言にして悉す,曰く「不可解」,我この恨を懐て煩悶終に死を決するに至る,既に巌頭に立つに及んで胸中何等の不安あるなし,始めて知る,大なる悲観は大なる楽観に一致するを。

エリクソンはこれを自我同一性拡散症候群と呼び，なかなか自分が見つけられない人たちだと考えている。

定職につき結婚をしたら成人期になり，次の世代を育てる。これで初期発達が完成する。

図 2-13 いつの時代でも青年は荒野をめざす。

Ⅶ 成人期

さまざまな経験を経て自分にあう職業を選択し，伴侶を得て新たな家族を築くと成人期に入る。この時期は安定した生活を送り，子育てを行うときであるが，最近はさまざまな問題が指摘されている。自分にあわない職業や過重な労働から心身の状態を悪くする者もいる。自分で処理することのできない場面に遭遇すると心身の平衡を損なうことを示した動物実験もそれらの裏づけとなっている。

セリグマン［Seligman, M. E. P., 平山他訳, 1985］は，イヌの足に電極を付け，逃げられないような状況のもとで，その電極を通して短い電撃を与え続けた。イヌはもがいてもあばれても一定時間，電撃を避けることができなかった（不可避電撃）。このような処置を施した後で，電撃の前にブザーを鳴らすなど合図を送り，それに引き続き電撃を与えるようにした。そしてイヌはブザーが鳴った時足をあげるなどの反応を行うとその電撃を受けないですむことができるようにした（回避訓練）。そうすると，不可避電撃を受けたイヌは回避訓練がはじまってもじっと電撃に耐えるだけで，電撃を回避する方法を学ぶことがなかった。不可避電撃を受けなかったイヌは，わずかの回避訓練試行を経ただけで電撃を回避することを学習できた。この実験からセリグマンは先行する不可避電撃によってイヌは何をしても無駄だということを学習したのだと説明した（学習性の絶望）。

またスキナー箱（図3-10参照）で餌を得るためにレバー

を押すことを2匹のネズミに学習させておき，ネズミがレバー押しを行っているときに電撃を与えた。1匹のネズミには電撃の前に必ず音を提示し，他方には電撃とは関係なく音を聞かせた。2匹のネズミが受ける音と電撃の量は同じであった。前者のネズミにとっては，音が電撃の合図になっている（予測可能）。予測可能ネズミは音がなり電撃を受けそうになるとレバー押しを中断し電撃に備え，音がならないときは平然とレバーを押していた。いつ電撃が来るかを音によって予測できないネズミは，部屋の隅にうずくまり，慢性的な恐怖症状を示していた。さらにこのネズミには重症の胃潰瘍まで発生していた。

　セリグマンの実験は，対処不可能，予測不可能な事態が生体にとって危機的事態であり，その状況下で生体は心身に重大な損傷を受けることを示している。

　成人期の人々はさまざまなストレスに満ちた社会の中で働かなければならない。自分で解決できない問題を抱え続けると，たまに解決可能な事態になっても自ら解決しようとせず，慢性的なストレス状態となり，胃潰瘍や高血圧などさまざまな身体症状を引き起こす可能性がある。また状況がつかめず，いつ危機に襲われるかたえず不安に陥っていても心身が傷つく。成人はこれらを頭に入れ，いつ危機が来るかを前もって知り，それらを自分でうまく解決する術を身につけなければ長い人生を乗り切っていくことはできないであろう。また，自分なりの方法で，たとえばスポーツをしたり芸術を鑑賞したりして心身の状態を安定させることによってストレスを和らげることができる。これらはストレスマネージメントと呼

ばれる。ストレスマネージメントをうまく行える人が，心身の平衡を長く維持することができるのである。

図 2-14 ストレスマネージメントがじょうずな人が長期間にわたり心身を健康な状態に保つことができる。

Ⅷ 老年期

　この時期,人は社会の第一線を退き,心身も衰えてくる。親しい人との死別や退職などによって喪失体験も味わう。これらがうつ病を引き起こす引き金となる。老人性のうつ病は回復しにくいところに特徴がある。老年期になってはじめてこれに対処しようとしても,なかなか効果が上がらない場合が多い。人生計画をしっかり行い,若いうちから老年期の過ごし方を考えおく必要がある。長寿傾向が強い現代の人に特に求められることである。

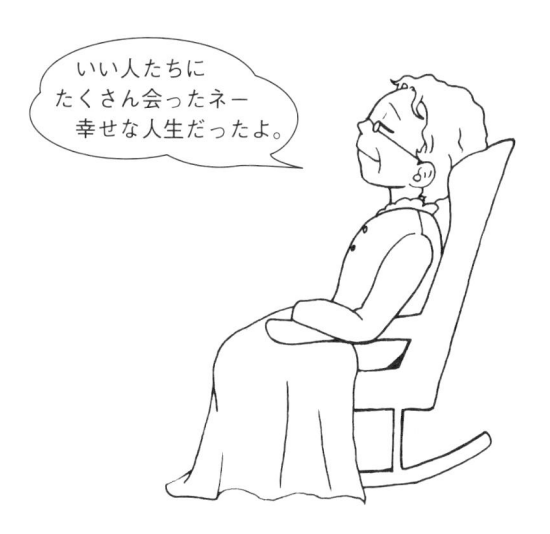

図 2-15　愛され世話されると,人は自分の運命にすなおに従うことができる(受容)[キューブラ・ロス,1971]。

第3章 心の解明

人の心を科学的に探究しようとするのが心理学である。

人の心についてはほとんどの人が関心を持っている。心理学はその心を学問として成り立つ形で探究している。ここではその探究法の一端を紹介する。特に最近の研究では，心という精神機能を司っているのは脳という器官であるという考えが広まっている。たしかに脳損傷者の研究から欠落した機能が浮き彫りとなる。脳の研究は心に迫る一つの方法であることは間違いない。しかし，脳という物質で人のすべてを語ることは今の科学ではできない。おもいやりや人間的あたたかさなどを説明できるまでには相当時間がかかるものと思われる。この章ではまた，心理学でよく用いられる学習理論についても述べる。人の行動を説明したり制御するのに用いられる。このような学習に関する知識を持って，子どもたちをうまくしつけたり，うまく学習させることが可能である。この理論の源の一つであるパヴロフの条件反射は，脳の神経回路の結合と分離を想定したものである。

I 大脳の構造と機能

心の生理学的バックグラウンドは脳にある。特に大脳に心の機能を司る部位が存在すると考えられている。図 3-1 は大脳の模式図である。中心溝より後方が感覚の処理，前方が運動の組み立てを行い，側頭部が記憶に関する部位だと考えられている。

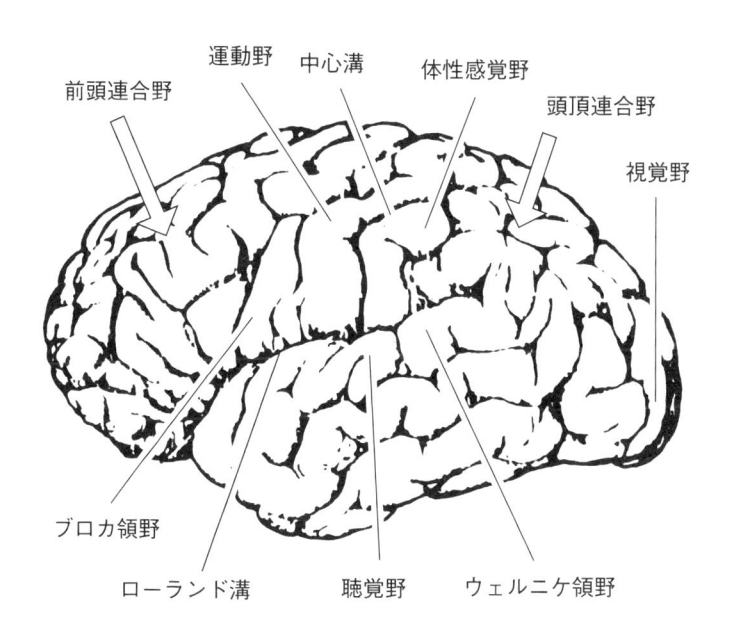

図 3-1 大脳の外観。左が前。

1 機能が特定される部位

①体性感覚野

中心溝の後方にあり、反対側の身体の感覚情報を受け取る。ここが壊れると感覚麻痺が生じる。

②視覚野

眼から入った視覚情報が最初に到達する部位である。ここが壊れると反対側の視野が欠損する。

③聴覚野

耳から入った聴覚情報が最初に到達する部位である。ここが壊れると反対側の耳からの音が聞こえなくなる。

④運動野

反対側の体側の運動を生起させる。ここが壊れると運動麻痺が生じる。

⑤ウエルニケ領野

聴覚野の近くにあり、言語情報を処理し、何を聞いたかという意味理解を行う。ここが壊れると音声は聞こえるが、言葉として理解できなくなる（感覚性失語症）。次のブロカ領野とともに言語に関する部位は左半球にのみに存在する。

⑥ブロカ領野

運動野の口、喉、舌などの動きを司る部位の近くに存在し、言語の生成を行う。ここが壊れると言葉を発することが

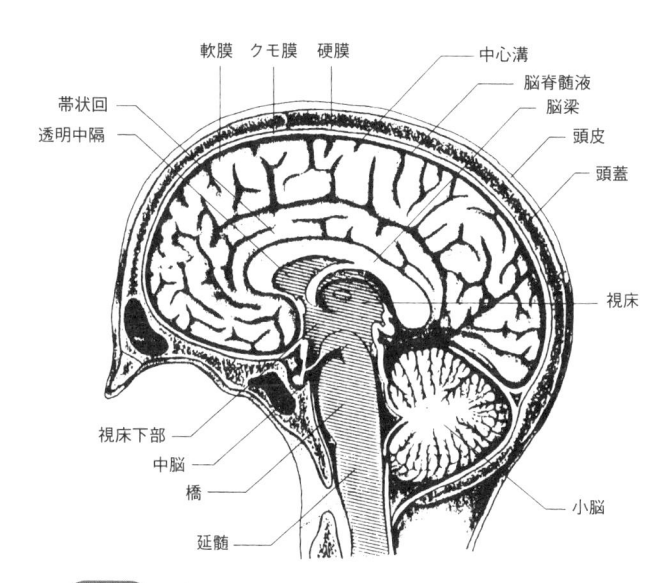

図 3-2 脳の矢状断面。脳は硬い頭蓋と髄液で守られている。

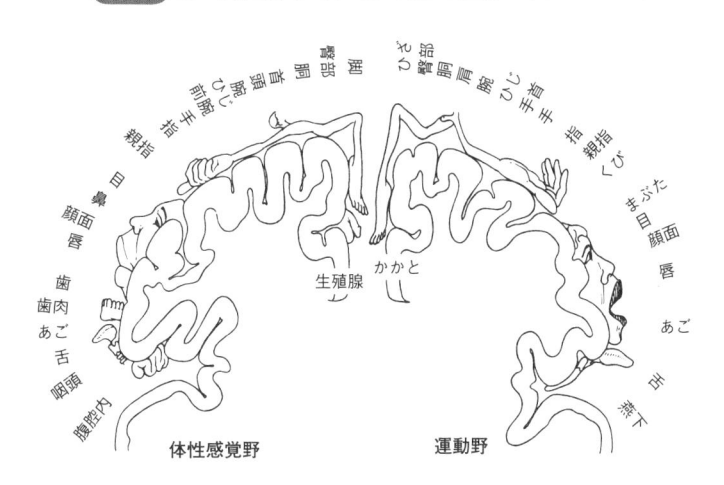

図 3-3 大脳皮質の体性感覚野と運動野。感覚が敏感な部位，細かな運動ができる部位を扱う脳の領域は広い。

できなくなる。復唱もできない（運動性失語症）。

■ 2　機能が特定されにくい領域

①頭頂連合野

　視覚野や体性感覚野などは，その働きが明確である。このように脳の部位の機能が特定できることを局在または特殊化という。連合野はこのような局在する部位の情報を集めて処理する部位だと考えられている。頭頂連合野は感覚の処理に関係する。

　図3-4を一見すると白と黒の模様が目に入る。この情報は視覚野に渡される。この段階は感覚である。次にこの情報は視覚野近くの連合野で処理されTHEの文字だと理解される。これが知覚である。さらに情報処理が進むと英語の定冠詞だ

図3-4　これは何か？［Miller, 1967］

と解る。これは認知もしくは認識である。頭頂連合野はこのように感覚情報を加工，処理し，的確な状況把握を行うところだと考えられている。

　脳損傷などでこのような機能が失われた状態は，失認とよばれる。見たものが何であるか言えない状態を視覚失認とよび，聞いたものが何の音であるか分からないと聴覚失認という。乳児はこの状態にある。通常われわれは見たもの聞いたもの触ったものが一致する。これが感覚統合である。トライアングルは三角形をしており，叩くとチーンと音がするという具合である。幼児は色々な楽器とその音を聞き，このような感覚統合の訓練を受ける。

　頭頂連合野はこのように高度な感覚情報処理を行っている。その最も高度な処理がその場の雰囲気を感じ取ることである。広汎性発達障害の子どもたちは，脳のこのような高機能情報処理がうまく行えないための障がいではないかと推測されてる。

②前頭連合野

　ヒトの額の奥にあるのが前頭連合野である。ヒトでは前部三分の一が前頭連合野であり，大脳の中で広い領域をしめる。テコ押しのために手を動かす時には，運動野の手を動かす部位に神経活動が見られる。スクリーンが開いている時にのみテコ押ししたら報酬がもらえるようにすると，動物はスクリーンが開くとテコ押しをはじめる。このとき，スクリーンが開くと前頭連合野に神経活動が観察される。その後運動野に神経活動が生じ，実際のテコ押しが生じる［久保田競，

1982］。このように前頭連合野には実際の行動に先立って活動するニューロン（神経系の最小単位）が無数に存在する。

このことは，実際の行動に先立って前頭連合野の中で，いつどのようなタイミングでどのように行為を行うかを計っていることを示すものである。前頭連合野の働きは計画的に行為を実行し，まとまった行動を行わせることなのである。このようなまとまった行動を実行機能という。

幼児がおつかいに行ったとき，友だちやおもちゃ屋の誘惑に負けずに，目的の物を買って来れるためには，この実行機能が働かなければならない。目的遂行まではそのことを覚えておかなければならないが，これは実行記憶と呼ばれる。注意欠陥多動障害（AD/HD）は，この実行記憶や実行機能が弱いのではないかと考えられる。忘れ物が多いとたえず回りの者から注意を受けるのは，ここに原因があるのではないかと推測されている。

ある脳損傷者は麻痺や硬直がないにもかかわらず，簡単な動作，たとえばマッチをする，靴をはく，鍵で開けるなどができなくなる。これは失行である。行為のプログラムが壊れていることがうかがえる。

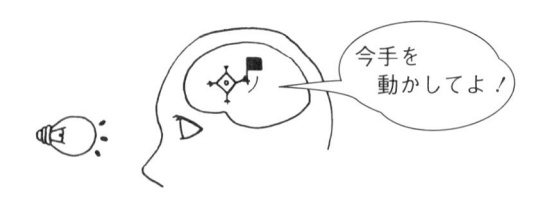

図 3-5 前頭連合野には運動に先立って働くニューロンがたくさんあることが分かった（運動前ニューロン）。

II　学習理論

　経験によって起こる比較的永続的な行動の変容を学習という。遺伝によって生じる成熟と対比される。ここでは学習の基本的な考えを紹介する。

1　初期学習

　動物行動学者のローレンツ［Lorenz, K., 1970］は，本能行動を解明した。孵化したばかりのヒヨコが親鳥について歩くのは，孵化直後に自分より大きな動くものに追従するという遺伝情報を持って生まれるからだと説明する。このような初期学習をインプリンティング（刷り込み）という。インプリンティングは孵化後6時間にピークに達するが，30時間を過ぎるともはや生じなくなる（図3-6）。きわめて限定された学習機能である。

2　条件づけ

①古典的条件づけ

　ロシアの生理学者パヴロフ［Pavlov, I. P.］の条件反射が原型である。メトロノーム音と唾液分泌は無関係である。餌は唾液分泌を引き起こす。メトロノーム音と餌を組み合わせて提示するとやがてメトロノーム音だけで唾液分泌が生じるようになる（図3-7）。このとき，餌は直接唾液分泌を誘発するので無条件刺激（UCS），メトロノーム音は餌と組み合わされるときのみ唾液分泌を誘発するので条件刺激（CS），唾液

図 3-6 孵化する時その場にいたローレンツ博士のあとを追うヒナ（インプリンティング）。

分泌は，UCS で誘発されれば無条件反応（UCR），CS で誘発されれば条件反応（CR）である。UCS と CS を組み合わせて条件反応を形成させる過程を強化といい，その後 CS のみを提示し反応を弱めることを消去という。いったん消去された反応でも時間が経つと反応が戻るが，これは自発的回復である。CS と似た刺激を与えると反応も類似する（般化）。CS と類似した刺激で強化しなければ，CS のみに反応するようになる（分化）。パヴロフはこのような実験を続けながら，人の高等な精神機能は，単純な反射の連鎖によって生じると説いた。今日のニューロンネットワークに通じている。

メトロノーム音（CS）は耳をピクッとさせる（定位反応）だけ。

餌（UCS）をみるとよだれ（唾液：UCR）が出る。

メトロノーム音（CS）と餌（UCS）を一緒に提示する。何度も繰り返す。

メトロノーム音（CS）を聞いただけで唾液（CR）が出るようになる。

図 3-7 古典的条件づけの原理

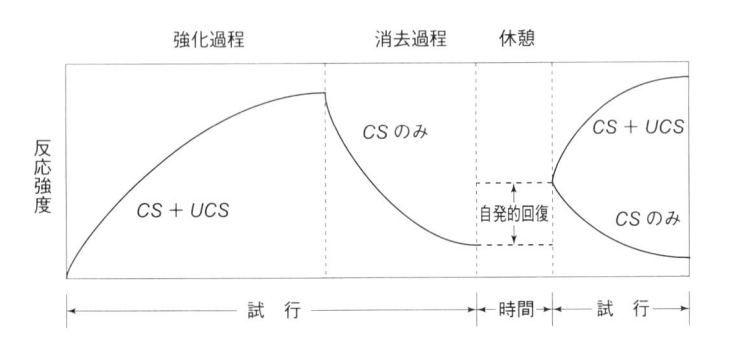

図 3-8 条件づけの基本現象を要約した図 [Kimble, 1956]

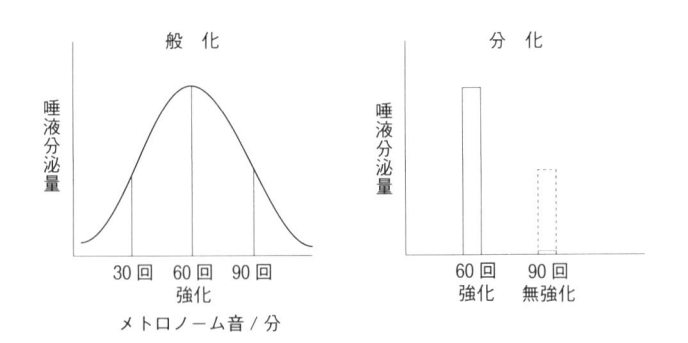

図 3-9 般化と分化の模式図

図 3-10 スキナー箱のネズミ

②道具的条件づけ

　スキナー［Skinner, B. F.］はレバーを押すと餌が1粒餌皿に落ちてくる装置（スキナー箱）にネズミを入れると，ネズミは試行錯誤の後，レバーを押して餌をとることを学習することを示した。このとき，ネズミはレバー押しを餌を得るための手段，道具として用いるのである。それゆえこのような条件づけは道具的条件づけと呼ばれる。スキナー自身はこれをオペラント型と呼んでいる。オペラントとは自発行動という意味の造語である。スキナー箱のネズミは立ったり，回ったり，かじったりとさまざまな自発行動を行う。その中のひとつがレバー押しである。この行動に餌という報酬が伴うと

(随伴性),レバー押しが強化され自発頻度が高まるという原理である。

この原理だと,たとえばレバーの前でクルリと回り,しっぽがレバーにあたり餌が落ちると,クルクル回転する行動が強化されることになる。事実そのようなことが起こる。これは迷信行動と呼ばれる。この迷信行動を無くし,上肢でしっかりレバーを押させるためには,まずレバーにミルクを塗りレバーに注目させ,次に上肢がレバーに触れたら餌を出すといった具合に,徐々に目標行動に近づけるのである。これはシェイピング(行動の形成)と呼ばれる。シェイピングのテクニックは,スモール・ステップにすること,すぐに反応の成否を知らせることである。

スキナーに先立ちソーンダイク[Thorndike, E. L.]は,彼が考案した問題解決箱(図3-11)にネコを入れて行動を観察した。一連の操作を行わなければこの箱から脱出できな

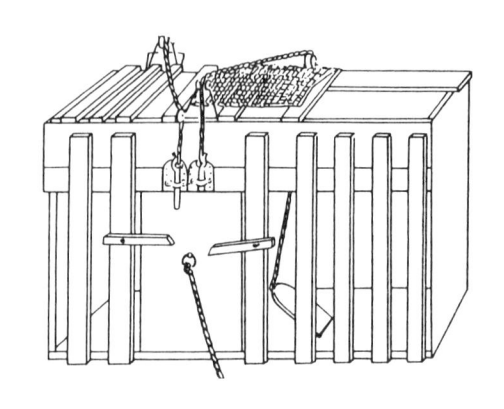

図 3-11 ソーンダイクの問題解決箱 [Thorndike, 1911]

い。ネコはかじったり引っかいたり，さまざまな行動をとるが，たまたま脱出に必要な動作も行う。このような試みたり失敗したりの動作を繰り返しながら最終的に脱出に成功する。この学習方法をソーンダイクは試行錯誤と名づけた。何度か経験したネコは，一連の動作を容易に行うことができるようになる。

■ 3　動機づけ

　どんなネズミでもスキナー箱に入れればレバー押しを学習するわけではない。空腹で餌を求めようと試みるネズミでなければならない。このように生体をある行動に駆り立てる力のことを動機づけ（モチベーション）という。動機づけとは生体に行動を解発させ，解発された行動を維持し，一定の方向に導いていく過程の総称であると定義されている。動機づけの強さは動因（ドライブ）と誘因（インセンティブ）によって決まる。空腹が動因であり，実際の餌が誘因である。動因と誘因の組み合わせにより動機づけの程度が決まる。空腹動因が強ければごはんという誘因で動機づけられ勉強するが，それほど空腹動因が強くなければケーキという誘因価の高い物を示さなければ動機づけることができない。動因には空腹，渇き，排泄といった生理的動因，親や教師の承認，賞賛，また友人集団への帰属といった社会的動因，試験が気になるので眠くても勉強するといった不安動因，あることを成し遂げたいという達成動因，新しいことに興味を抱く好奇動因といった個人的動因がある。

　生理的動因を用いる場合は，食事抜きにしたり，排泄を我

慢させたりすると虐待になるので慎重になるべきである。また，一度誘因を得ると誘因価が下がるので誘因の与え方にも注意が必要である。

　生理的動因や社会的動因によって動機づけることを外発的動機づけと言う。それに対し，達成動因のように，ゲームをクリアすること自体が楽しいというのは内発的動機づけと呼ばれる。歯磨きは，最初は親から報酬や罰を与えられて外発的動機づけによって行われるが，後には，外部からの報酬や罰がなくても歯磨きを自発的に行うようになる。これは習慣の形成であり，外発的に動機づけられた行動がやがて内発的に動機づけられる例である。オールポートの機能的自律化の例として知られている。

4　行動療法

　条件づけ理論は，行動主義心理学の立場の中にある。行動主義心理学に基づき行動の変容を行わせるのが，行動療法である。基本的には報酬や罰を適度に与えながら，望まれる行動の生起頻度を高め，望まれない行動の生起頻度を低めるのである。望まれる行動に報酬を与えて行動を変容させる原理のことを，トークン・エコノミーという。親にこのテクニックを学んでもらい，発達障害児の行動制御を行おうとするのが，ペアレントトレーニングの中心となる。

5　洞察学習（見通しによる学習）

　刺激と反応との関係を重視する行動主義心理学に反論したのがゲシュタルト心理学である。ゲシュタルトとはドイツ語

で形態という意味である。ウェルトハイマー［Wertheimer, M.］は運動視の研究を行った。縦と横の2つの線を時間をずらして見せるとあたかも縦の線が横に倒れたかのように見える。パチンコ屋の光の点が回るイルミネーションを想い浮かべてもらえば理解できるであろう。実際に光の点が回っているのではなく，隣りあった電球が点滅を繰り返しているにすぎない。しかし，われわれの目には光が回っているように見える。これは仮現現象と呼ばれる。われわれはそのように物を見るものだとゲシュタルト心理学者は言う。全体的な枠組みの中でわれわれの知覚が生じるのであり，単に刺激と反応の連合では説明できないと言う。

　ゲシュタルト心理学者のケーラー［Köhler, W.］は，この考えを学習にも用いた。チンパンジーの観察から導き出したものである。オリの中にいるチンパンジーの前，手の届かないところに好物のバナナを置く。手の届くところに棒を置いておく。するとチンパンジーはしばらくバナナと棒を見て，やがて棒を手にしてバナナを引き寄せたというのである（図3-12）。何度も失敗を繰り返す，いわゆる試行錯誤のはてに成功するのではなく，早ければ一回で成功する。これはチンパンジーが自分とバナナの距離を棒が埋めてくれることを見通した（洞察した）からだと説明する。言いかえれば，チンパンジーが全体的枠組みの中で，自己とバナナの距離を埋めるにはどうしたらよいかを認識（認知）できたからだという。つまり認知構造の転換によってこのような学習が可能なのだというのである。高等動物の学習にはこのような学習様式が見られるという。

> バナナ食べたいけどなぁ……。
> そうか棒を使えばいいんだ！

図 3-12 チンパンジーは，棒が自分とバナナの距離を埋めてくれることに気づく（認知）。

■ 6　認知療法

　条件づけを用いて行動療法が開発されているように，洞察学習を応用した治療法も開発されている。これらは，認知構造の転換をはかるので認知療法と呼ばれる。末期癌患者があと半年の命と宣告され，半年しか残されていないと落胆しているとき，治療者との関係の中でまだ半年あると認知構造を変化させ，前向きに残された人生を歩ませるようなことがこの治療法なのである。最近は認知の変容とともに，行動の変容も同時に行わせる認知行動療法もさかんに行われている。

Ⅲ　学習転移

　子どもたちにものごとをうまく教えようとするとき，学習転移が重要な要素となる。学習転移とは，先に行われた訓練や学習が後の訓練や学習に影響を及ぼすことである。小学校で習ったオルガンの学習が，大学生になって習うピアノの学習に影響を及ぼすなどがその例である。オルガンを習っていたことによりピアノの学習がすばやく行えるときと（正の転移），オルガンとピアノでは指の使い方が異なるので，ピアノの習得が妨害されるとき（負の転移）とがある。両方含めて転移と呼ぶが，学習を促進させるためには正の転移を生じさせ，負の転移を減少させることがポイントとなる。

　転移の条件には3つある。

①類　　似

　先に行われる学習や訓練（先行学習）の内容と，後に行われる学習や訓練（後続学習）の内容が似ていなければ正の転移も負の転移も生じない。幼いころ綱引きの綱を"ひいた"経験は，後のピアノを"ひく"ことに何の影響も与えない。

②学習程度が高いこと

　オルガンの学習がピアノの学習に影響を及ぼすには，ある程度オルガンを弾きこなすことができていなければならない。指一本で，触って音階を出した程度では次のピアノの学習に影響を及ぼすことはない。

かけ算やわり算の学習のときは九九をしっかり覚えておかなければ正の転移は生じない。詩や作文を教えるときには，文字や言葉をしっかり理解させておかなければ正の転移は生じない。最近の授業ではこのような基本が忘れられているように思う。

③一般的なこと

オルガンの学習とピアノの学習を考えた場合，指の使い方が異なる。オルガンは鍵盤を押して音を出すが，ピアノは鍵盤を叩くように指を用いる。その楽器特有の指の使い方などはこの例のようにそれぞれ異なるので，このような転移は特殊転移と呼ばれる。オルガンとピアノは特殊転移においては負の転移が生じやすいかもしれない。しかし，鍵盤楽器の演奏のしかた，あるいは音楽の学習を行うときの態度といった一般的なものについては十分であるかもしれない。オルガンの学習のときに基礎ができているので，ピアノの学習時にはその応用がすぐにできるであろう。このような転移は一般的転移と呼ばれる。

一般に特殊転移よりも一般的転移のほうが正の転移が生じやすいと考えられている。語学の学習では，それぞれの言語によって，文字や単語，文法が異なる。似ている言葉であれば混同されて間違いやすくなり，負の転移が生じることがあるが，新しい言語を習得する場合は主部と述部の関係を考えればよいことを知っていたり，辞書の引き方を知っていると，学習が速やかに行え，正の転移が生じやすいのである。

心理学では一般的転移のことを学習の学習といったり，学

習の構えといったりする。何を学習すればよいかをすでに学んでいるという意味で学習の学習，学習する態勢ができあがっているという意味で学習の構えと言われるのである。教育学では，実質陶冶と形式陶冶という言葉で表される。陶冶とは形づくるという意味で教育を示す。読み，書き，そろばんといったすぐに実社会に役立つものを教えることが実質陶冶であり，孔孟の教えなどの古い中国の思想を教えるのが形式陶冶である。すぐに実社会では役に立たないように思えるが，ものごとの考え方，思考の訓練を行っておけば，具体的な問題が生じたときには，身についた思考方法で解決策を見出すことができるであろう。

　高等教育でも実社会で役立つコンピューター技術の習得や外国語会話能力を学ばせると同時に哲学や文学といった思考や感性に重きをおく学問も教えている。初等，中等教育の中でも，読み，書き，そろばんといった面の学習と同時に考える力を身につけさせることにも重きがおかれている。どちらを優先させるかについては，時代や文化によって異なる。これまでの歴史の中でもさまざまなことが行われ，現在でもこの問題は論じられつづけている。

	形式陶冶	実質陶冶
昔	論語，漢詩など	読み，書き，そろばんなど
今	文学，数学など	コンピュータ操作，英会話など

学校教育では総合学習の時間を作り，個別の教科の学習をまとめ上げる試みを行っているが，必ずしもうまくいっていない。大学ではあまりにも専門的になりすぎると教養教育が叫ばれる。

IV 記　　憶

記憶についての実験を最初に行ったのがエビングハウス［Ebbinghaus, 1885］である。この頃から心理学は哲学から別れ，科学的な実験操作を行う学問へと変貌していった。

1 記憶の種類
①記憶できる時間による分類

a) **感覚記憶**　　見えていたり聞いていたりする，いわば感覚のことである。眼や耳を閉じると消失する。

b) **短期記憶**　　感覚に注意を向けると短時間（数秒から数十秒）記憶に残る。たとえば道を歩いているとき，自動車と接触しそうになりその自動車に注意を向けると，車の形や色が短期間記憶に残る。しかし，それ以上注意を払わないとすぐにそれらの情報は消え去ってしまう。

c) **長期記憶**　　接触しそうになった車の情報を覚えておく必要があれば，われわれは「青色のトラック」などとつぶやきながら忘れないように努める。これをリハーサル（復唱）という。そうするともう少し長い時間（数分，数時間，数日），記憶にとどめることができる。しかし，これも限度があるので確実に情報を残しておくためには，手帳にメモするなど，外部記憶装置の力をかりなければならない。もっとも手帳に書き込んだという情報は自分で管理しておかなければ

ならない。

　長期記憶はヒトの脳の中では海馬という部位に蓄えられると考えられている。海馬は大脳皮質の中でも発生学的に古い古皮質に属する。ヒトの脳に内蔵されているハードディスクのようなものである。必要に応じてそのハードディスクから情報を引き出さなければならない。そのような働きは前頭連合野を中心に行われていると考えられている。

②記憶内容による分類

　a) **意味記憶**　　文字どおり意味内容に関わる記憶である。鎌倉幕府の成立という言葉の意味は，武家政権の誕生という意味だと覚えるようなことである。これらは知識としてたえず用いられ，われわれの日常生活には欠かせない。

　b) **エピソード記憶**　　エピソード，つまり日時や場所などの状況を把握している記憶である。鎌倉幕府の成立を習ったのは，小学校6年の5月の末，汗ばむような教室の中で，となりに花子さんというあこがれの女の子がいて，担任の中年の男性の教師がちょっと風邪ぎみで鼻声で話しながら教えてくれたなどという記憶である。このような情報はその人にとっては重要であるかもしれないが，鎌倉幕府の成立が歴史上どのような意味を持つのかを他の人と共有して話す場合には不必要なものである。ある種の人々は，意味記憶よりもエピソード記憶にたけていることがある。あまりにもエピソード記憶が強ければ，まわりの人々と共有できるものがなくなり，自閉的となる。

しかし，エピソード記憶は個人にとっては重要なものも多い。プロポーズされた日のことや愛する人と死別した日のことはよく覚えている。これらがなければ人生は油の切れた機械のようにきしむであろう。

2 記憶の構造

記憶と呼ばれる現象をその機能によっていくつかに分けるとすれば，次のようになる。

①記銘：新しいことを覚え込むことである。リンゴは英語でappleであり，apple, apple, と言ったり，書いたりして（復唱：リハーサル），覚え込むと記憶の中に刻み込まれる。

②保持：記銘されたものは一定期間保存される。このことを保持と言う。

③再生：記銘され，保持されたものは，必要に応じ取り出される。リンゴは英語で何と言うかと問われたとき，自ら「アップル」と答えたり「apple」と書けたりする場合，再生できたという。正確に保持されていれば，正確に再生できる。

④再認：必ずしも再生できなくても保持されているとみなすことができる。リンゴは英語で何というかたずねられたとき，自ら答えられなくても，grape, apple, bananaの中から選び出すことができれば保持されていることになる。これは再認と呼ばれる。当然再生に比べれば保持が完全ではない。その分記憶のエネルギーは少なくてすむ。それゆえ，再生テストより，再認テストを受験生は好むのである。

ブロカ領野のみに損傷を受けた運動性失語症患者は，再生はできないが再認はできる。この点でコミュニケーションが可能である。

⑤忘却：記銘はしたが，再生や再認ができなくなると忘却と呼ばれる。いわゆる忘れたのである。

以上のことがらをひとまとめにして記憶と呼んでいる。

認知症の高齢者は，記銘は悪いが保持は比較的よい。1時間ほど前に食事をしたことはすぐに忘れてしまうが，若いときに歌った流行歌の歌詞はしっかり覚えて再生することができるということはよくある。記憶に関しては新しいことを覚え込む能力だけが特異的に弱まっているのである（記銘力減退）。これに第2章で述べた見当識が悪くなり（見当識喪失），嫁がいじわるして食べさせなかったと客観的事実に反することを言い（作話：作りばなし），全体的に記憶力が落ちると（健忘：もの忘れ），知的水準の低下と診断される。加齢による脳の萎縮等で生じれば認知症であり，アルコールを常時多飲することによって生じれば慢性アルコール中毒の症状と考えられる。

3　記憶と意味

エビングハウスの実験は無意味語の保持の研究であった。連想価の低い単語を人為的に作る。アルファベットであれば「ZAC」などであり，日本語であれば「はろさ」などである。これらの無意味語を8〜10語ほど完全に記銘させる。その後再生テストを行うが，記銘して1日経過すると70〜80%

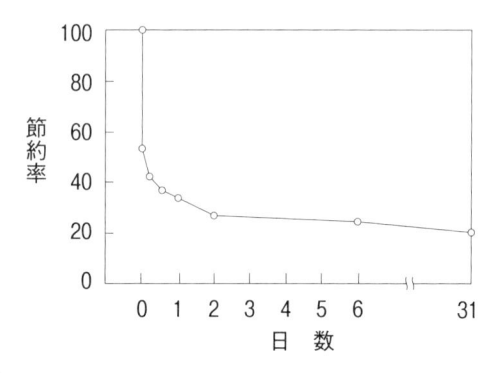

図 3-13 エビングハウスの保持曲線 [Ebbinghaus, 1885]
無意味語は一日たつと 20〜30 パーセントしか覚えられていないことが示された。

を忘却しているという（図3-13）。ただし，1ヶ月ほどたっても1語くらいは覚えている。その後の研究から，その人にとって意味のないものは記銘も保持も悪いが，意味を持つにつれて記銘，保持が向上することが分かった。人口毛髪メーカーの電話番号を9696（クログロ）や2323（フサフサ）にするゆえんである。受験生も「イヨークニ（1492年）が見えた，コロンブスアメリカ大陸発見」などと覚える。単に年号を暗記するよりも記銘，保持がよいことを知っているのである。これが記憶術の原理である。

その人にとって意味のあるものの記銘や保持がよいことを述べたが，その人にとって気分を害するような出来事の記憶は逆であることをフロイトは述べている。想い出したくない嫌な出来事（心的外傷体験：トラウマ）は，無意識の奥にしまいこみ，意識にのぼらないようにするのだという。そうし

なければその人は生きていけないのである。このように人の記憶は機械が行う記録とは異なるのである。記憶のされ方からもその人の人間像を見ることができる。

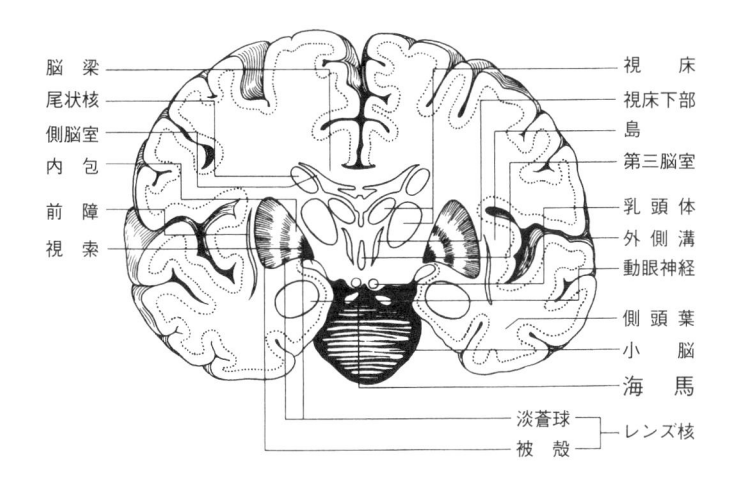

図 3-14　脳の前額断面図。海馬が長期記憶と関係している。

引用文献

Ebbinghaus, H. 1885 *Über das Gedächtnis*. Leipzig: Duncker und Humbolt.（宇津木保他訳　1978　記憶について――実験心理学への貢献――　誠信書房）

Erikson, E. H. 1959 *Identity and the life cycle: Psychological issues*. International University Press.（小此木啓吾訳編　1973　自我同一性――アイデンティティとライフサイクル――　誠信書房）

Gesell, A. L. 1941 *Wolf child and human child*. New York: Harper.（生月雅子訳　1967　狼にそだてられた子　家政教育社）

Harlow, H. F. 1958 The nature of love. *American Psychologist*, **13**, 673-684.

Harlow, H. F. 1971 *Learning to love*. Albion.（浜田寿美男訳　1978　愛のなりたち　ミネルヴァ書房）

Harris, J. A., Jacksons, C. M., Paterson, D. G., & Scammon, R. E. 1930 *The measurement of man*. Minneapolis: University of Minnesota.

Jaspers, K. 1913 *Allgemeine Psychopathologie*. Berlin: Springer.（内村・西丸・島崎・岡田訳　1953　精神病理学総論　上・中・下　岩波書店）

事件・犯罪研究会編　1986　事件・犯罪大辞典　東京法経学院出版

河合隼雄　1967　ユング心理学入門　培風館

Kimble, G. A. 1956 *Principles of general psychology*. New York: Ronald Press.

Köhler, W. 1917 *Intelligenzprüfungen an Menschenaffen*. Springer.（宮孝一訳　1962　類人猿の智慧試験　岩波書店）

Kretschmer, E. 1995 *Körperbau und Charakter* (21/22 Aufl.) Springer.（相場　均訳　1960　体格と性格　文光堂）

Kübler-Ross, E. 1969 *On death and dying*. Macmillan.（川口正吉訳　1971　死ぬ瞬間　読売新聞社）

久保田競　1982　手と脳　紀伊國屋書店

Lorenz, K. 1960 *The King Solomon's ring*. Deutscher Taschenbuch Verlag GmbH.（日高敏隆訳　1970　ソロモンの指環――動物行動学入門――　早川書房）

Lorenz, K. 1963 *Das Sogenannte Böse: Zur Naturgeschichte der*

Aggression. Wien: Dr. G. Borotha-Schoeler Verlag.（日高敏隆・久保和彦訳　1970　攻撃 I・II　みすず書房）

Luria, A. R. 1959 *Speech and the development of mental process in the child.* London: Staples.（松野　豊・関口　昇訳　1969　言語と精神発達　明治図書）

Minkowski, E. 1953 *La schizophrénie psychopathologie des schizoides et des schizophrènes.* Paris: Desclée be Brouwer.（村上　仁訳　1954　精神分裂病——分裂性性格者及び精神分裂病者の精神病理学——　みすず書房）

村田孝次　1972　幼稚園期の言語発達　培風館

西丸四方　1949　精神医学入門　南山堂

Pavlov, I. P. 1937 *Conditioned reflexes: An investigation of the physiological activity of the cerebral cortex* (trans. by G. V. Anrep). Oxford University Press.（川村　浩訳　1975　大脳半球の働きについて——条件反射学——　上・下　岩波書店

Piaget, J. 1936 *La naissance de l'intelligence chez l'enfant.* Delachex et Niestlé.（谷村　覚・浜田寿美男訳　1978　知能の誕生　ミネルヴァ書房）

Piaget, J. 1947 *La psychologie de l'intelligence.* A. Colin.（波多野完治・滝沢武久訳　1960　知能の心理学　みすず書房）

Piaget, J. 1964 *Six études de psychologie.* Genève: Éditions Gonthier.（滝沢武久訳　1968　思考の心理学——発達心理学の研究——　みすず書房）

Portmann, A. 1951 *Biologische Fragmente zu einver Lehre vom Menschen.* Basel: Verlag Benno Schwabe.（高木正孝訳　1961　人間はどこまで動物か——新しい人間像のために——　岩波書店）

Seelig, E. 1951 *Lehrbuch der Kriminologie.* Graz: Verlag Jos. A. Kienreich.（植村秀三訳　1962　犯罪学　みすず書房）

Seligman, M. E. P. 1975 *Helplessness: On depression, development, and death.* Freeman.（平井　久・木村　駿監訳　1985　うつ病の行動学——学習性絶望感とは何か——　誠信書房）

Thorndike, E. L. 1911 *Animal intelligence: Experimental studies.* Hafner.

Vygotsky, L. S. 1934 *Thought and language.* M. I. T. Press.（柴田義松訳　1962　思考と言語　上・下　明治図書）

山下俊郎　1949　児童心理学　光文社

索　引

あ行

アスペルガー症候群　16
アタッチメント　45, 46
アニミズム　47
アルコール中毒　27
一般的転移　84
遺伝論　36
イド　6
意味記憶　87
インセンティブ　79
インプリンティング　73
ウエルニケ領野　68
迂遠　12
うつ状態　14, 22
運動性失語症　70
運動前ニューロン　72
運動野　68
AD/HD　72
エゴ　6
エス　6
エピソード記憶　87
オノマトペ　51
オペラント　77

か行

海馬　87
外胚葉　42
回避訓練　60
快楽原理　6
快楽殺人　29
解離性障害　14
解離ヒステリー　19
過干渉　51
可逆性　53
学習　36, 73
学習性の絶望　60
学習転移　83
学習の学習　84
学習の構え　84
確信犯罪者　31
覚醒剤中毒　27
仮現現象　81
過保護　51
感覚運動的動作　44
感覚記憶　86
感覚性失語症　68
感覚統合　71
環境論　36
関係妄想　25
感情障害　22
感情鈍麻　25
完全欲人　19
記憶　86
記憶術　90
機会犯　28
危機犯罪者　29
器質的　17
擬声語　51
機能性　17
機能的自律化　80
記銘　88
記銘力減退　89

ギャング・エイジ　54
ギャング・グループ　54
協応動作　40, 43
強化　74
境界人　56
叫喚音　44
郷愁放火　31
協調運動　40, 43
強迫　11
強迫観念　11
強迫行為　11, 20
強迫神経症　11, 19
恐怖　11
恐怖症　11, 19
局在　70
禁断症状　27
緊張型　26
緊張性興奮　26
緊張性昏迷　26
具体的操作　53
形式的操作　56
形式陶冶　85
ゲシュタルト　80
ゲシュタルト心理学　80
幻覚妄想　26
現実原理　6
原始的反応　18
原始反応　14
原始反応犯罪者　31
見当識　53
見当識喪失　89
健忘　89
幻味　26
高機能自閉症　16
攻撃癖からの犯罪者　28
高所恐怖　19

向性　9
行動の形成　78
行動療法　80
広汎性発達障害　71
合理化　8
こだわり行動　14
古典的条件づけ　73
コミュニケーション　15
子守り女の子殺し　31

さ行

罪業妄想　23
再生　88
再認　88
作話　89
させられ体験　14
サディズム　29
CS　73
シェイピング　78
シェマ　44
自我　6
視覚野　68
自我同一性　57
試行錯誤　79
思考の構造　44
思考奔逸　24
自己実現　9
自殺　23, 57
自殺念慮　23
失行　72
実行記憶　72
実行機能　72
実質陶冶　85
嫉妬妄想　27
失認　71
疾病避難　8

自発的回復　74
自閉　15
自閉症　14
社会訓練不足からの犯罪者　31
邪推　13
習慣の形成　80
受容　63
循環反応　44
昇華　8
消去　74
条件刺激　73
条件づけ　73
条件反射　73
常習犯　28
情操　56
情緒　56
象徴　47, 48
冗長　12
小発作　26
初期学習　73
自律　52
自立　51
支離滅裂　12
思路　12
心因性　12, 17, 18
人格　3
人格理論　6
心気神経症　21
神経症　18
神経衰弱　21
身体幻覚　26
心理的離乳　56
随伴性　78
睡眠恐怖　20
スーパーエゴ　6
スキナー箱　60, 77

スキンシップ　45
ストレスマネージメント　61
刷り込み　73
正視恐怖　19
成熟　36
精神運動興奮　24
精神運動発作　26
精神運動抑制　22
精神病　17, 22
精神分析学　6
性的抑制欠如からの犯罪者　29
赤面恐怖　19
尖鋭恐怖　20
前概念　48
前概念的思考　47
前頭連合野　71
躁うつ病　22
爽快気分　13, 24
躁状態　13, 24
相補性　53
粗暴犯　28

た行
第一反抗期　53
退行　8
対象喪失　21
対処不可能　61
対人恐怖　19
体性感覚野　68
第二反抗期　53
大脳　67
大発作　26
達成動因　79
多弁　24
短期記憶　86
注意欠陥多動障害　72

中胚葉　42
聴覚野　68
長期記憶　86
超自我　6
直観的思考　48, 50
定位反応　75
抵抗力僅少からの財産犯罪者　28
適応機制　8
てんかん　26
転換性障害　14
転換ヒステリー　19
トイレットトレーニング　36
同一性　53
動因　79
動機づけ　79
道具的条件づけ　77
統合　40, 43
統合失調症　12-14, 25
洞察学習　80
同情自殺　57
頭頂連合野　70
トークン・エコノミー　80
特殊化　70
特殊転移　84
ドライブ　79
トラウマ　90

な行
内因性　17, 22
内言　51
内胚葉　42
内発的動機づけ　80
喃語　44
日内変動　23
認知　71, 82

認知療法　82
ノイローゼ　18

は行
把握反射　43
破瓜（はか）型　25
パニック　18
パニック障害　18
般化　74
犯罪　28
反射　43
悲哀　22
被害妄想　25
非叫喚音　44
ヒステリー　14, 18
ヒステリー球　14
被毒妄想　26
ヒポコンドリー　21
病因論　17
広場恐怖　20
貧困妄想　23
不安　11
不安神経症　18
不安発作　18
復唱　86
輻輳説　36
不潔恐怖　20
物活論　47
ブローカ領野　68
分化　39, 43, 74
分離不安　51
閉所恐怖　19
防衛機制　8
忘却　89
放任　51
保持　88

保存　49, 53
哺乳反射　43

ま行
マージナル・マン　56
無意識　6, 14
無意味語　89
無条件刺激　73
無条件反応　74
迷信行動　78
妄想　13
妄想型　26
モチベーション　79
モラトリアム　57
問題解決箱　78

や行
薬物中毒　27
誘因　79
UCR　74
UCS　73
豊かな自閉　16
幼児語　51
抑うつ神経症　20
予測不可能　61
嫁切り　29

ら行
リハーサル　86
リビドー　6
了解　17
類型論　3
レディネス　38
労働嫌忌職業犯罪者　28

人名
ヴィゴツキー　51
ウェルトハイマー　81
エビングハウス　86
エリクソン　57
オールポート　80
河合隼雄　9
キューブラ・ロス　63
クレッチマー　3
ケーラー　81
シュテルン　36
スキナー　77
ゼーリッヒ　28
セリグマン　60
ソーンダイク　78
ハーロー　45
パヴロフ　73
ピアジェ　44
フロイト　6
ミンコフスキー　15
ヤスパース　17
ユング　9
ルリア　49
レヴィン　56
ローレンツ　73

著者紹介
池田行伸（いけだ・ゆきのぶ）
1948年　長崎市生れ
2010年現在　佐賀大学文化教育学部教授

富﨑ちひろ（とみさき・ちひろ）
1986年　佐賀市生れ

心を見る心理学
2008年4月20日　　初版第1刷発行
2012年4月20日　　初版第3刷発行

定価はカヴァーに
表示してあります

　著　者　池田行伸
　挿　絵　富﨑ちひろ
　発行者　中西健夫
　発行所　株式会社ナカニシヤ出版
　〒606-8161　京都市左京区一乗寺木ノ本町15番地
　　　　　　　　Telephone 075-723-0111
　　　　　　　　Facsimile 075-723-0095
　　　　　　　Website http://www.nakanishiya.co.jp/
　　　　　　　Email　　iihon-ippai@nakanishiya.co.jp
　　　　　　　　郵便振替　01030-0-13128

装幀＝白沢　正／印刷・製本＝ファインワークス
Copyright © 2008 by Y. Ikeda & C. Tomisaki
Printed in Japan.
ISBN978-4-7795-0255-2

心理学概論

山内弘継・橋本　宰 監修
岡市廣成・鈴木直人 編

必須内容を初学者でも読みながら理解できるようわかりやすく解説。理論や重要事項の紹介にあたっては実証的証拠・具体的なデータを提示。古典はもちろん最新トピックまで網羅した学部生向け心理学テキストの決定版。　B5判　416頁　3150円

自分でできる心理学問題集

二宮克美・宮沢秀次・
大野木裕明 編著

心理学の知識の自己点検として，解説を読み，問題で扱った周辺の知識のチェックとさらなる学習の方向づけを行うために編まれた問題集。臨床心理士，公務員心理職，教員採用試験や大学院の受験対策用に自学教材として最適。　四六判　158頁　1050円

問題集：自分でできる学校教育心理学

大野木裕明・二宮克美・
宮沢秀次 編著

最新の教育職員免許法に対応しつつ，必要以上に高度な内容は大胆にカットし，持ち運びのしやすいサイズで全体像の把握を目指した学校教育心理学の問題集。教員採用試験や教育系大学院入試に最適。
　　　　　　　　　四六判　176頁　1470円

ガイドライン 自分でできる心理学

宮沢秀次・二宮克美・
大野木裕明 編

多様な展開をみせる現代心理学の基礎を分野ごとに要約，整理。各章に図表を豊富に記載し，視覚的に理解できるよう工夫。また，課題やコラムを通じ楽しみながら学べる心理学の入門テキスト。
　　　　　　　　　A5判　160頁　1575円

調査実験 自分でできる心理学

大野木裕明・宮沢秀次・
二宮克美 編

課題を通して心理学の観点から自分を知り，心理学の方法を学び，心理学の面白さを実感する『自分でできる心理学』待望の改訂版。まずはとにかく自分でやってみよう！
　　　　　　　　　A5判　152頁　1575円

これからを生きる心理学
「出会い」と「かかわり」の
ワークブック

川瀬正裕・松本真理子・
丹治光浩 著

心理学の理論的背景の解説・自己理解を深めるためのワークを通して，これまでのさまざまな他者との「出会い」や「かかわり」をふりかえり，「自己」と出会い，未来に向けて「自分らしい生き方」を設計する。
　　　　　　　　　B5判　156頁　1890円

表示の価格は税込価格です（2012年3月現在）。

心理学実験法・レポートの書き方
心理学基礎演習 Vol.1

8名程度を1グループとして心理学の実験法を体験的に学ぶための実習用テキスト。基本的な手続きや心得，レポートを書く際の留意点などを具体的に解説。

西口利文・松浦　均 編　　　　　　　　　B5判　130頁　2310円

質問紙調査の手順
心理学基礎演習 Vol.2

質問紙法の基本的な考え方をふまえ，尺度項目の作成法，調査の依頼・実施における注意点，データの入力，分析・考察の仕方から研究者倫理まで，具体的にすべての手順を解説！

小塩真司・西口利文 編　　　　　　　　　B5判　140頁　2310円

やさしい発達心理学
乳児から青年までの発達プロセス

乳児・幼児・児童・青年の4つの段階を，人とのかかわり・学ぶということ・知るという働き・世界の広がりという4つの領域から16の章で解説する。子どもや青年の発達の具体的な姿から，新たな発達観が拓ける。

都筑　学 編　　　　　　　　　　　　　四六判　280頁　2310円

やさしい心理学
心の不思議を考える

心理学ってこんなに面白い！　初めて心理学を学ぶ人を対象に，心理学の様々な分野領域について，最新研究トピックをまじえながらわかりやすく紹介。心理学の魅力を伝える，恰好の初年度向きテキスト。

都筑　学 編　　　　　　　　　　　　　四六判　234頁　1680円

大学生の自己分析
いまだ見えぬアイデンティティに
突然気づくために

現代を生きるのに，なにがとりわけ困難になっているのか。発達における「関係性」を重視したエリクソン理論をもとに自己分析を行うことで，青年自身が将来への展望を拓く。

宮下一博・杉村和美 著　　　　　　　　A5変型判　155頁　1575円

大学 学びのことはじめ
初年次セミナーワークブック

書込み，切り取り，提出！　基礎ゼミ・基礎演習に最適なワークブック。学生の間に身につけておきたいキャンパスライフ，スタディスキルズ，キャリアデザインの基礎リテラシーをしっかりカバー。

佐藤智明・矢島　彰・
谷口裕亮・安保克也 編　　　　　　　　B5判　136頁　1995円

表示の価格は税込価格です（2012年3月現在）。